ISBN 978-3-86037-403-0

1. Auflage

Herausgeber:
© 2010 Edition Limosa GmbH
Lüchower Straße 13a, 29459 Clenze
Telefon (0 58 44) 97 11 63-0
Telefax (0 58 44) 97 11 63-9
mail@limosa.de, www.limosa.de

Redaktion:
Heinz Pischke, Nadine Heinze, Marc Dietschreit

Satz und Layout:
Zdenko Baticeli, Jana Mengel, Lena Hermann, Christin Stade

Korrektorat:
Ulrike Kauber

Unter Mitarbeit von:
Doreen Rinke, Carmen Baum

Gedruckt in Deutschland.

Heinz Pischke · Nadine Heinze · Marc Dietschreit

DUISBURG RUHRORT

Lebenswertes Hafenquartier am Rheinkilometer 780

Grußwort der Stadt Duisburg

Schifferbörse, Haniel, Tausendfensterhaus oder der größte Binnenhafen Europas: Was wäre die Stadt Duisburg ohne ihren Hafenstadtteil Ruhrort? Für die Bürger unserer Stadt gehört beides untrennbar zusammen, aber das war nicht immer so. Erst seit 1905 sind Ruhrort und Duisburg verbunden, zuvor waren beide Gemeinden nahezu Konkurrenten. Die Ruhrorter Häfen wurden in jener Zeit stetig ausgebaut und lieferten sich mit den Duisburger Häfen einen wahren Wettkampf. Der endete schließlich am 1. Oktober 1905, als Ruhrort, Duisburg und zusätzlich Meiderich zur neuen Großstadt Duisburg zusammengeschlossen wurden.

Auch noch später änderten sich Duisburgs Grenzen, erst der Zusammenschluss mit Hamborn im Jahre 1929 und die kommunale Neuordnung 1975 führten schließlich zum heutigen Stadtgebiet. Und so, wie die Geschichte der Stadt Duisburg somit ganz wesentlich von der Historie ihrer Stadtteile bestimmt ist, so werden auch Gegenwart und Zukunft unserer Stadt durch die Menschen in den Bezirken und Stadtteilen geprägt. Duisburg ist mehr als die Summe seiner Stadtteile, aber ohne die Heimatverbundenheit und Identifikation der Bürgerinnen und Bürger in und mit den Ortsteilen wäre das Leben in unserer Stadt um vieles ärmer.

Ich freue mich daher sehr, dass sich immer wieder Duisburgerinnen und Duisburger mit den Ortsteilen unserer Stadt beschäftigen, deren Geschichte und Geschichten festhalten, Eigen- und Besonderheiten aufzeigen oder Menschen und Institutionen vorstellen. In Sachen Ruhrort findet man all das (und noch vieles mehr) in diesem Buch von Heinz Pischke, Nadine Heinze und Marc Dietschreit, die mit ihrem Werk zudem überraschenderweise deutlich machen, dass man für eine äußerst gelungene Monographie über Ruhrort weder dort geboren sein noch dort wohnen muss.

Mit Engagement, Neugier und großer Sympathie hat sich das Autorenteam den vielen Facetten Ruhrorts gewidmet und lädt ein zu einer interessanten und beeindruckenden Reise durch den Stadtteil am Zusammenfluss von Rhein und Ruhr. Ich kann nur raten, sich dieser Einladung nicht zu verschließen, und wünsche allen Leserinnen und Lesern aufschlussreiche Einblicke und viel Vergnügen.

Adolf Sauerland

Adolf Sauerland
Oberbürgermeister

Grußwort des Ruhrorter Bürgerverein e.V.

Liebe Leserinnen, liebe Leser,

mein Name ist Mario Adams und ich bin 1949 in Ruhrort geboren und wohne im Herzen Ruhrorts. Mein Arbeitsgebiet waren stets die Straßen und Häfen Ruhrorts. Als ich zur See fuhr, hatte mein erstes Schiff als Heimathafen Duisburg-Ruhrort und das steht auch auf dem Heck meines Bootes. Ruhrort ist unumstritten ein prädestinierter Wohnort umgeben vom Wasser des Rheins, der Ruhr und der Häfen. Baulich betrachtet ist Ruhrort ein Wechselbad von Historie und Moderne inmitten des größten Binnenhafens der Welt, erfreut sich dieser historische Hafenstadtteil des Besuches von jährlich 20 000 Schiffen, davon etwa 2000 Seeschiffen. Zusammen mit den großen, weltweit kooperierenden Konzernen, wird diesem Duisburger Stadtteil ein internationales Flair verliehen, das keinen Vergleich zu scheuen braucht. Dennoch blieben die Ruhrorterinnen und Ruhrorter so wie sie seit je her sind, nämlich offen, ehrlich und zuvorkommend zugleich. Entdecken Sie Ruhrort und seine Besonderheiten als liebens- und lebenswerten Stadtteil.

Ich wünsche Ihnen viel Spaß bei der Lektüre!

Mario Adams
1. Vorsitzender des Ruhrorter Bürgerverein e.V.

Vorwort

Liebe Leserinnen, liebe Leser,

manchmal lohnt es sich, wenn man sich nur genügend Zeit nimmt und genau hinschaut. Jede Stadt hat ihren ganz besonderen Reiz und oft sind es die kleinen Dinge und Besonderheiten, die ihn ausmachen.

Denkt man an Ruhrort, so denkt man an den Hafen – doch der Stadtteil hat wesentlich mehr zu bieten. Erlebbar wird hier ein Viertel im Wandel, den wir mit Freude und Spannung, nicht nur im Hinblick auf das Kulturhauptstadtjahr Ruhr.2010 mit seinen zahlreichen Veranstaltungen verfolgen. Ein Blick in die Zukunft lohnt, gerade hinsichtlich der vielen Baumaßnahmen und Gestaltungskonzepte, die Ruhrort in den nächsten Jahren ein neues Gesicht geben werden. Ruhrort stellt sich vielen Herausforderungen, die ohne das unglaubliche Engagement seiner Bürger nicht zu bewältigen wären.

Wir hoffen, dass es uns als »Nicht-Ruhrortern« dank der freundlichen Hilfe und Unterstützung der vielen Co-Autoren, Fotografen und den unzähligen hilfsbereiten Ruhrorter Bürgern gelungen ist, einen besonderen Blick auf diesen außergewöhnlichen Stadtteil zu werfen. Dieses Buch soll einladen, Ruhrort zu entdecken, in Erinnerung zu schwelgen und sich vor allem bewusst zu machen, wie sehr die hier ansässigen Menschen mit ihrem persönlichen Einsatz das Gesicht ihres Stadtteils prägen. Besonders möchten wir uns bei dem Ruhrorter Bürgerverein e.V. bedanken, ohne dessen Mitwirken die Entstehung dieses Buches nicht möglich gewesen wäre.

So hoffen wir, an dieser Stelle den Hafenstadtteil in neuem Glanz erscheinen zu lassen, mit all seinen Sehenswürdigkeiten, kulturellen Angeboten und Freizeitmöglichkeiten.

Viel Spaß bei der Lektüre!

Marc Dietschreit Nadine Heinze Heinz Pischke

Inhalt

Von »Ruhr-oort« zu »Ruhrort« – Eine Stadt entsteht

Wo Rhein und Ruhr sich treffen

Oben
Ruhrort mit der Ruhrmündung aus der Vogelperspektive

Ruhrort ist ein rechtsrheinischer Stadtteil von Duisburg. Er liegt unmittelbar nördlich des Zusammenflusses von Rhein und Ruhr und wurde bereits über 100 Jahre vor der Gründung Ruhrorts im Jahre 1371 als »Ruhr-oort« bezeichnet.

Bis zum Ende des 13. Jahrhunderts machte der Rhein an der Stelle des heutigen Ruhrorts eine weite östliche Schleife. Diese wurde durch einen Rheindurchbruch von Süden nach Norden abgeschnitten. Dadurch wurden der ehemals linksrheinische »Homberger Werth« (Flussinsel) – späterer Standort Ruhrorts – sowie das Caßler Feld (Kasslerfeld) nun rechtsrheinisch.

Die damalige Bezeichnung »Ruhr-oort« stammt wahrscheinlich noch aus dieser Zeit, wobei »Oort« Spitze bedeutet und damit die »Ruhrspitze« als Landspitze benennt. Die aus Osten kommende Ruhr umfloss den Werth zunächst noch im Süden und Norden. Später verlandete jedoch der Hauptstrom der Ruhr im Norden des Werths, wodurch die Ruhrspitze verschwand. Der spätere Name »Ruhr-oort« blieb jedoch weiterhin erhalten und wurde im Laufe der Zeit zu »Ruhrort«.

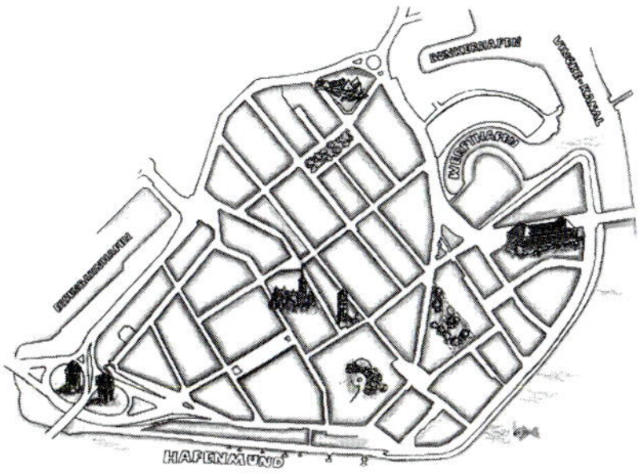

Auf einer Fläche von 5,41 Quadratkilometern bietet Ruhrort knapp 5300 Menschen Platz (Stand: 31. August 2008), das entspricht einer Bevölkerungsdichte von 976 Einwohner pro Quadratkilometer 16,16 Prozent der Bevölkerung haben einen Migrationshintergrund. Das sind insgesamt 873 Personen aus über zwanzig verschiedenen Nationen. Durch die Verbindung zum größten Binnenhafen Europas hatte Ruhrort schon immer eine starke Anziehungskraft auf Menschen aus aller Welt. Heute stehen insgesamt 690 Wohngebäude in Ruhrort, mit mehr als 3400 Wohnungen.

Der klevische Ort »Ruhr-oort« wurde auf dem ehemals links- und nach dem Rheindurchbruch rechtsrheinischen »Homberger Werth« gegründet, auf dem die Grafen von Moers eine Rheinzollstelle errichteten.

Schon bald entwickelte sich eine städtische Ansiedlung im Umfang der ehemaligen Ruhrorter Altstadt. Die Zollrechte wurden an die Herzöge von Kleve und die Grafen von der Mark verpfändet. Sie errichteten auch das Kasteel, das damalige Haus Ruhrort und befestigten den Ort, wozu sie 1437 verpflichtet wurden, um Zollfreiheit für die Ruhrorter auf dem Rhein zu erlangen.

Aufgrund der mangelnden Befestigungsanlagen wurde ihnen das Stadtrecht zunächst verwehrt. Gegen Ende des 15. Jahrhunderts durfte die Gemeinde jedoch ihren Gottesdienst in den eigenen Mauern abhalten, was rasch zum Bau einer kleinen Kirche auf dem Ruhrorter Marktplatz führte. 1551 trat die Gemeinde dann geschlossen dem protestantischen Glauben bei. Seit 1551 wurde diese Siedlung als Stadt bezeichnet.

Ebenfalls zu der Zeit erlebte Duisburg, durch die Wiederaufnahme in die Hanse einen enormen Aufschwung. Durch die Konjunktur der Tabak- und Textilmanufakturen brachen auch wieder wirtschaftlich bessere Zeiten an.

Oben
Eine Übersicht über das Stadtbild zwischen Hafenmund und Vinckekanal

Mitte
Der Blick über die enge Verschachtelung der Ruhrorter Dächer von einst

Unten
Blick durch die kleine Hafenstraße auf das Gebäude des Hafenmeisters

Oben links
Die Schifferbörse – Herzstück und Seele Ruhrorts, Treffpunkt für Einzelschiffer und Frachtgeber

Oben rechts
Modell des »Packhauses« wie es früher war.

Unten
Erbaut aufgrund allerhöchster Kabinettsorder Friedrich des Großen, das Geschäftshaus der Firma Franz Haniel & Cie.

Der Kurfürst von Brandenburg gab 1636 den Befehl zum kompletten Abtragen des wehrtechnisch nutzlos gewordenen Kasteels. Zwei Turmstümpfe blieben jedoch bis zur ersten Stadterweiterung 1754 bis 1756 erhalten. Auch die städtische Anlage blieb bis zu diesem Zeitpunkt in ihren kleinen Dimensionen bestehen.

Noch bis zum Ende des 20. Jahrhunderts wurden vereinzelte Reste des Kasteels in den Kellern von Ruhrorter Häusern entdeckt.

Als erstes Haus außerhalb der alten Ruhrorter Stadtmauer wurde 1756 das so genannte »Packhaus«, das Stammhaus der Familie Haniel, errichtet. 1808 wird Meiderich nach Ruhrort eingemeindet. 1874 scheidet Meiderich aus der Stadt Ruhrort aus und wird selbstständige Bürgermeisterei.

Am 1. April 1904 wurde die Bürgermeisterei Beeck nach Ruhrort eingemeindet und 18 Monate später, am 1. Oktober 1905 wurde Ruhrort zusammen mit Duisburg und Meiderich zu einer Großstadt vereinigt. Durch den Zusammenschluss der Städte verdoppelte sich die Einwohnerzahl innerhalb von 10 Jahren von etwa 110 000 auf 230 000 Einwohner.

Ruhrort und die Häfen wurden im Zweiten Weltkrieg stark verwüstet. Duisburg ertrug während des Krieges rund 300 Luftangriffe, den schwersten am 13. Mai 1943. Der Hafenverkehr entwickelte sich nur äußerst langsam. Nur knapp 4,4 Millionen Tonnen wurden erreicht. Das waren nicht einmal 20 Prozent des Vorkriegsumschlages. Der Neuaufbau des Hafens dauerte bis Anfang der 1950er Jahre. Der Aufschwung der Nachkriegszeit ließ den Umschlag des Hafens ansteigen und verhalf Ruhrort wieder zur Blüte.

Heutzutage ist der Strukturwandel zentrales Merkmal von Duisburg. Die Umstellung von der wirtschaftlich bedeutungsvollen Montanstadt hin zur Dienstleistungsgesellschaft ist in vollem Gange. So entwickeln sich überall in Duisburg auf alten Industriebrachen neue Gewerbegebiete und Grünflächen. Auch der Einwohnerschwund, mit dem das gesamte Ruhrgebiet zu kämpfen hat, führt dazu, dass nicht mehr benötigte Wohngebiete umgestaltet werden.

»Freiheit Ruhrort«

Die Geschichte der Stadt Ruhrort erläutert am Aufbau des Ruhrorter Wappens

Das Wappen der (ehemaligen) Stadt Ruhrort besteht aus drei Teilen: es ist in der Mitte der Länge nach in zwei Hälften geteilt, wovon die linke Hälfte wiederum horizontal geteilt ist. Jedes dieser drei Teile hat eine besondere Bedeutung. Insgesamt spiegeln sie die Entwicklung der ehemaligen Stadt Ruhrort bis zu ihrer Gründung im Jahre 1437 wieder.

Unten links sieht man drei Reihen eines rot-weißen (beziehungsweise rot-silbernen) Bandes auf gelbem/goldenen Grund. Dieses ist das alte Wappen der früheren Grafschaft Mark (heute kennt man noch den Märkischen Kreis), zu der Ruhrort einmal gehörte. Ruhrort liegt heute an einer Stelle, an der sich früher das Homberger Werth befand, eine Insel im Rhein. Dieses Homberger Werth gehörte anfänglich zur Grafschaft Moers. Im Jahre 1372 ging dieses Homberger Werth in den Besitz des Grafen Engelbrecht von der Mark über, gehörte fortan zur Grafschaft Mark und erhielt gleichzeitig damals wichtige und einträgliche Zollrechte. Graf Engelbrecht ließ auch gleich zur Sicherung dieser Zollstätte ein Schloß (niederrheinisch: Kasteel) errichten. Nach seinem Tod erbte die Grafschaft dessen Bruder, Graf Dietrich von der Mark. Als dieser ebenfalls kinderlos im Jahre 1395 verstarb, ging Ruhrort mitsamt der Grafschaft Mark an deren Neffen, den damaligen Graf Adolph II. von Cleve. Ruhrort gehörte nun zur Grafschaft Kleve.

Das alte Wappen der Grafschaft Kleve ist oben links im Ruhrorter Wappen abgebildet. Es ist ein silberner Schild auf rotem Grund, von dem acht goldene Lilien sternförmig ausgehen. Schon 1417 war diese Grafschaft zum Herzogtum erhoben worden und Graf Adolph II. hieß nun Herzog Adolph I. von Cleve. Innerhalb dieses Herzogtums hatte Ruhrort unter anderem wegen der Zollstätte besondere Rechte. Es wurde

Oben
Freiheit Ruhrort – Das Wappen des Hafenstadtteils

Unten
Das Wappen ziert die Fassade des ehemaligen Rathauses.

deshalb »Freiheit Ruhrort« genannt. Zur Stadt stieg Ruhrort auf, als 1437 die Ruhrorter Bürger von dem Herzog das Recht erhielten, den Ort durch eine Stadtmauer zu befestigen. Dieser Moment wird deshalb als Gründungsdatum der Stadt Ruhrort angesehen.

Um die Lage Ruhrorts an der Ruhrmündung zu verdeutlichen, wurde im rechten Teil des Wappens dieser Fluss (die Ruhr) als silbernes Band in einem grünen Bett dargestellt. Im Wappen fließt die Ruhr von links oben nach rechts unten.

Das Ruhrorter Wappen zeigt also in der linken Hälfte die ursprüngliche politische Zugehörigkeit zum Herzogtum Kleve-Mark und in der rechten Hälfte die geografische Lage an der Ruhr.

Dirk Grotstollen

Oben
Das Schiff Marise unter Ruhrorter Flagge

Mitte
Die Ruhr fließt im rechten Teil von links oben nach rechts unten.

Erinnerungen an Ruhrort – Erinnerungen an die »Gute alte Zeit«

Die Illustrationen von Renate M. Holznagel zeigen Ruhrort noch bevor die Hafenromantik endgültig weichen musste. Sie sollen dazu beitragen alte Erinnerungen zu wecken und lebendig zu halten. Die 1952 in Duisburg geborene Künstlerin lädt den Betrachter auf einen Spaziergang durch die kleinen Gassen der historischen Ruhrorter Altstadt ein.

Die Aquarelle und Zeichnungen entstanden anhand alter Fotos. Der beigefügte historische Stadtplan ermöglicht die Orientierung und lässt ein lebendiges Bild der alten Stadtstruktur entstehen. Die Darstellungen überzeugen durch ihre lebensnahen Momente, begleitet von geschichtlichen Erklärungen und Hintergründen. Die 13 Illustrationen erschienen im Verlag Dünnwald in Ruhrort.

Kein Ruhrort ohne Hafen – Ruhrorter haben Seemannsbeine

Die Geschichte des größten Binnenhafens Europas

Die Duisburg Ruhrorter Häfen gelten als größter Binnenhafen Europas und in Summe aller öffentlichen und privaten Hafenanlagen sogar als größter Binnenhafen der Welt. Mit 21 öffentlichen Hafenbecken und einer Gesamtfläche von zehn Quadratkilometern zieht der eigentliche Hafen von der Ruhrmündung entlang des Rheins bis nach Rheinhausen. Auf 15 Kilometern Umschlagufer mit Gleisanschlüssen verzeichnet der Hafen einen Gesamtumschlag von bis zu 110 Millionen Tonnen pro Jahr.

Die Geschichte Ruhrorts und die Geschichte des Hafens sind untrennbar miteinander verflochten. 1665 entstand durch den wirtschaftlichen Aufschwung eine Schiffergilde in Ruhrort, deren Mitglieder sich in den rheinaufwärts gelegenen Städten als Kohlehändler betätigten.

Darauf folgte im Jahre 1712 die Entstehung der ersten modernen Schiffswerft in Ruhrort. Doch fehlte ein geeigneter Umschlagplatz vor der Stadt, so dass die Schiffe auf dem Rhein vor Anker gehen mussten. Deshalb forderten die Schiffer den Bau eines Hafens. Im Jahre 1715 beschloss der Ruhrorter Magistrat, ein Hafenbecken zu bauen. Dieses sollte sich »vom Kastellthore bis zur Ruhrpforte« erstrecken. Noch im Herbst desselben Jahres begannen die Bauarbeiten. Sie gingen jedoch nur sehr schleppend voran, da die Witterungsverhältnisse in dem Jahr sehr schlecht waren.

Am 16. September 1716 fasste der Magistrat den erneuten Beschluss zum zügigen Bau des Hafens. Dieser Beschluss gilt heute als Geburtsstunde des Ruhrorter Hafens.

Oben
Hafenbecken A, B und C mit Anschluss an den Rhein-Herne Kanal, parallel dazu die Ruhr

Unten
Die Schiffswerft Kleinholz im so genannten »Lünnemanns Loch«

Oben
Blick auf den Eisenbahnhafen mit dem Hebeturm der Trajektfähre um 1905

Unten
Die historische Schifferbörse von 1901 im mittelalterlichen Fachwerkstil

Die preußische Regierung übernahm ab 1766 die Verwaltung der Ruhrorter Hafenanlagen und sorgte zielstrebig für deren weiteren Ausbau, während die Häfen in Duisburg von der Stadt unterhalten und betrieben wurden. Die Industrie wurde fortwährend zu einem immer wichtigeren Wirtschaftsfaktor und ließ nicht nur Ruhrort, sondern auch die Handelsstadt Duisburg aufblühen.

Durch den Ausbau des Rheinkanals im Jahre 1832 entstanden in Duisburg der Außenhafen und der Innenhafen.

In den Jahren 1837 bis 1842 wurde der Schleusenhafen gebaut, der durch einen Durchstich mit dem Inselhafen verbunden war. 1844 wurde mit der Fertigstellung des Ruhrkanals die Verbindung zwischen Rheinkanal und Ruhr geschaffen. So hatte Duisburg nun auch wieder den unmittelbaren Anschluss an die Flüsse und wurde somit zum direkten Konkurrenten der Ruhrorter Häfen.

Im Jahre 1848 wurde der Ruhrorter Hafen an das Netz der Köln-Mindener Eisenbahn-Gesellschaft in Oberhausen angeschlossen, da dies kostengünstiger war als die Ruhrmündung zu überqueren. Der Homberger Eisenbahnhafen wurde bis 1850 erbaut. Das Trajekt Ruhrort-Homberg stellte hier ab 1852 die Verbindung über den Rhein nach Aachen über Krefeld und Mönchengladbach her.

Darüber hinaus erfolgte bis zum Jahre 1890 der Bau des Kaiserhafens. Dieser zog sich über fast 20 Jahre hin und die Ruhr musste noch einmal verlegt werden. Die Gesamtwasserfläche des Duisburger Hafens betrug am Anfang des 20. Jahrhunderts 53,3 Hektar. Doch auch die Ruhrorter Hafenerweiterung schritt weiter voran. So kam durch die konkurrierende Planung und den gleichzeitigen Ausbau beider Hafengebiete die Sorge auf, dass Überkapazitäten entstehen.

Die Schifferbörse – Herzstück und Seele Ruhrorts

1901 wurde an der Rheinreede in Ruhrort eine Schifferbörse eingerichtet. Hier wurden täglich Schifffahrtsgeschäfte zwischen den Schiffseignern und den Spediteuren abgeschlossen. Die amtlichen Schlepp- und Frachtlöhne der deutschen Binnenschifffahrt wurden hier jeden Tag neu festgesetzt.

Der Inselhafen wurde 1914 fast vollständig zugeschüttet und der Schleusenhafen wurde in den Ausbau des Vinckekanals aufgenommen. So entstand der Rhein-Herne-Kanal und die Häfen fanden damit Anschluss an das westdeutsche Kanalnetz.

Am 24. Juli 1924 verabschiedete der Preußische Landtag das »Gesetz wegen Übertragung der staatlichen Hafenanlagen in Duisburg an eine Aktiengesellschaft. Damit war die rechtliche Grundlage für die Umwandlung der Interessen- und Betriebsgemeinschaft in eine Aktiengesellschaft geschaffen. So wurde die »Duisburg-Ruhrorter Häfen Aktiengesellschaft« am 30. September 1924 gegründet. Anteilseigner waren zu zwei Dritteln der Staat Preußen und zu einem Drittel die Stadt Duisburg.

Kein anderer deutscher Binnenhafen erreichte in dieser Zeit den Umschlag der Duisburger Häfen. Der Gesamtverkehr im Jahr 1926 betrug etwa 34 Millionen Tonnen. Die Steigerung der industriellen Produktion schritt voran. Der zunehmende Rohstoffbedarf der Industriebetriebe führte zum Aufstieg Duisburgs als Zentrum der gesamten Rheinschifffahrt. 1929 hatte Duisburg etwa 440 000 Einwohner und schloss sich mit Hamborn und den nördlichen Gemeinden des Landkreises Düsseldorf zusammen.

Die starke Verwüstung des Krieges setzte Ruhrort und dem Hafen schwer zu. Fast alle wichtigen Brücken waren nach der Kapitulation zerstört oder von den eigenen Truppen gesprengt worden, darunter alle fünf Rheinbrücken und die wichtigsten Ruhr- und Kanalbrücken.

313 versenkte und 96 beschädigte Schiffe lagen in den Hafenbecken und blockierten die Ruhrmündung. Schiffs- und Eisenbahnverkehr waren vollständig zum Erliegen gekommen. So konnte die Infrastruktur nach Kriegsende vorerst nur provisorisch wieder hergestellt werden.

Bis die Eisenbahnbrücke Haus Knipp als erste Rheinbrücke wieder aufgebaut wurde, stellten Fähren die Hauptverbindung über den Rhein dar. Der Hafenverkehr entwickelte sich nur äußerst langsam. Nur knapp 4,4 Millionen Tonnen wurden erreicht. Das waren nicht einmal 20 Prozent des Vorkriegsumschlages. Der Neuaufbau des Hafens dauerte bis Anfang der 1950er Jahre.

Die Karl-Lehr-Brücke wurde am 11. März 1949 wieder eröffnet. Der erste Brückenbogen über die Ruhr stammt aus der Hohenzollernbrücke in Köln. Nach Kriegsende wurde er von der Stadt Köln gegen Bezugsscheine für Eisen nach Duisburg verkauft.

Oben links
Auf einem historischen Schlepper ist die Hafengeschichte bis heute erlebbar.

Oben rechts
Während einer Hafenrundfahrt erhält man Einblick in den Alltag auf der Stahlinsel.

Unten
Die Karl-Lehr-Brücke mit dem Trägerbogen der Hohenzollernbrücke aus Köln zeigt sich im Abendlicht romantisch.

Oben
Einfahrt in das Hafenbecken der Ölinsel

Der Aufschwung der Nachkriegszeit ließ den Umschlag in den Duisburger Häfen beständig ansteigen. Mitte der 1950er Jahre wurde der Vorkriegsstand von knapp 35 Millionen Tonnen erreicht.

In dieser Zeit sorgte der Duisburger Hafen für weltweites Aufsehen. Durch Schifffahrt und Deichbau sinkt der Wasserspiegel des Rheins jährlich um vier Zentimeter. Dadurch werden Hafenbecken und Kanäle immer seichter und damit unschiffbar.

Das Ausbaggern der Hafenbecken hätte die Wasserflächen wegen der schrägen Uferböschungen noch mehr reduziert. Doch die Duisburger schafften Abhilfe, indem sie den Bergbau einsetzten. Durch gezielte Bergsetzungen wurde das gesamte Hafengebiet abgesenkt. Bis zu einer Tiefe von sechshundert Metern wurden insgesamt zwölf Millionen Tonnen Kohle abgebaut. So sank der Hafen und das Wasser in den Becken stieg um bis zu zwei Meter an.

Der Umschlag steigt bis in die 1980er Jahre weiter an. Wichtigste Umschlaggüter waren Eisenerze, Mineralöle, Kohle, Eisen, Stahl, Kies und Sand, Schrott und Getreide.

Der Ausbau des Vinckekanals ab 1983, der Verbindung zwischen Ruhr und Nord- beziehungsweise Südhafen in Ruhrort, ermöglichte den zunehmenden Einsatz moderner Fluss-See-Schiffe, die den Transport von Massengütern übernahmen.

Im Zuge der Krise der Eisen- und Stahlindustrie in der zweiten Hälfte der 1980er Jahre bemühte sich die Bundesregierung, durch finanzielle Fördermittel den Strukturwandel in der Montanregion an Rhein und Ruhr voranzutreiben. 1991 feierten die Duisburg-Ruhrorter Häfen ihr 275-jähriges Jubiläum. 1992 folgt die Eröffnung eines Bahnhofs für den kombinierten Verkehr. Schiene, Straße und Wasser wurden hier zusammengefügt. Heute werden Container und Lkw von diesem Bahnhof aus per Bahn zu ihren jeweiligen Zielen transportiert. Seit Ende der 90er Jahre des letzten Jahrhunderts haben sich im Bereich duisport mehr als 50 neue Unternehmen angesiedelt, so dass inzwischen zahlreiche Arbeitsplätze von diesem Warenumschlagstandort abhängen.

Mit der Jahrtausendwende verlagerte sich die Struktur der Umschlagwaren von Massengütern wie Stahl und Kohle hin zu höherwertigem Stückgut und damit verbundenem Containerverkehr.

Unten
Moderne Containerlogistik zum Transport von Massengütern auf Straße, Schiene und Wasser

»Dammstraße 1960« – Erinnerungen an die gute alte Zeit

Die Blütezeit der Schifffahrt und Hafenkneipen

Als ich mich 1960 aus dem beschaulichen Dortmund nach Ruhrort veränderte, konnte ich nicht ahnen, dass daraus nahezu 30 Jahre Tätigkeit bei verschiedenen Schifffahrtsfirmen wurden. Der »Damm« war zu dieser Zeit das lebhafte Herz der Binnenschifffahrt. Jeder Quadratmeter wurde gewerblich genutzt. Es gab eine Unzahl von Reedereien, Befrachtungsfirmen und Vertretungen von Schifffahrtsunternehmen. Die Schweizer, Holländer, Belgier und Franzosen hatten beachtliche Stützpunkte. Daneben gab es Havariekommissariate und Schiffsversicherungen. Schiffsausrüster versorgten die Schiffe mit den notwendigen Materialien. Hinzu kamen Bugsierreedereien und Unternehmen, die mit ihren Schleppbooten für die Bewegung der Lastkähne sorgten.

Fast am Ende der Dammstraße lag »Lebensmittel Herker«. Hier wurde zu gewissen Zeiten offiziell auch am Sonntag verkauft und die fahrende Schifffahrt versorgt. Mittendrin lagen in einem Radius von unter 100 Metern fünf Gaststätten, die alle ihre feste Kundschaft hatten und eigene Atmosphäre versprühten. Da waren zunächst gegenüber der Schifferbörse (damals noch kein Restaurant) die »Börsenstuben«. Hier »regierte« Karl-Heinz Voß, der in einem kleinen Saal sogar Mittagessen anbot. Vorne im Schankraum wurde ab mittags in großer Runde geknobelt und es ging immer sehr lebhaft zu. Für viele Schiffseigner war dieses Lokal auch feste Postadresse. Die Briefe wurden in einem Kasten mit alphabetisch angeordneten Fächern von Zustellern abgelegt.

Schräg gegenüber lag das »Dammhaus«. Karl Heidenreich sorgte hier für gepflegte Getränke. Ab 17 Uhr ver-

Oben
Die Dammstraße um 1960 – beschauliche Atmosphäre im Hafenquartier

Unten
Blick von der historischen Schifferbörse auf das Kaiser Wilhelm I. Denkmal

Mitte
Ein Hauch Hafenromantik offenbart sich abseits der Dammstraße auch heute noch.

Unten
Moderne Gastronomie heute – der umgestaltete Hansehof in der Schifferbörse

kaufte seine Ehefrau Milli Frikadellen frisch aus der Pfanne. Glücklich, wer nach 18 Uhr noch eine bekam. Die Bootekapitäne hatten hier ihren festen Stammtisch für den Dämmerschoppen. Auch die Angestellten der nebenan liegenden Bank verkehrten hier. Das Lokal war unter anderem fester Treffpunkt für viele Partikuliere.

Das gleiche trifft für die nebenan liegende Gaststätte »Bella Striepen« zu. Das Besondere war ein überlanges Ofenrohr im Schankraum, das im Winter für Wärme sorgte. Auf der Zwischenetage konnte man sich vom Rechtsanwalt, dem Sohn des Hauses, anwaltlich beraten lassen.

Auf der anderen Seite lag genau gegenüber das »Café International«. Hier sorgte Wirtin Sophie Jansen mit ihrem besonderen Charme für Umsatz. Die »Schifferbörse« von Finnes und Henny van Gelderen befand sich an der Ecke Harmoniestraße. Hier verkehrten vornehmlich holländische Schiffseigner, die für ihre Schiffe Ladung suchten. Dadurch war das Lokal natürlich auch täglicher Treffpunkt einzelner Befrachter der Schifffahrtsunternehmen. Im Thekenbereich war folgender Spruch zu lesen: »Aan de reis dan genn getop, eerst maken wj hier die zeilfooi op.«, was frei übersetzt bedeutet, dass man bei Abschluss der Frachtreise auch das »Trinken« nicht vergessen sollte.

Der Wandel der Binnenschifffahrt hat auch in der Dammstraße seine Spuren hinterlassen. Der Damm präsentiert sich heute als Einbahnstraße mit Wohncharakter. Geschäftliche Aktivitäten für die Binnenschifffahrt sind bescheiden. Was bleibt, ist die Erinnerung an eine Zeit, die sich in dieser Form nicht wiederholen wird.

Horst Killus

0203 408570

Es wäre so schön gewesen ...

Ein Sensationsfund in Ruhrort

Bei Grabungsarbeiten der Stadtwerke auf der Landwehrstraße wurde die alte Stadtmauer aus dem 14. Jahrhundert entdeckt! Dies berichtete die Presse im März 2009 und dies hörte man auch von den Mitarbeitern des Denkmalamtes, die die alten Steine frei kratzten, fotografierten und vermaßen. Dr. Volker Herrmann, der leitende Stadtarchäologe erklärt jedoch ganz anderes.

Es stellte sich nämlich bei all' den Arbeiten leider heraus: Die freigelegte Mauer ist gar nicht die Stadtmauer! »Da waren wir wohl zu schnell!« berichtet Dr. Herrmann etwas zerknirscht am Telefon. »Es hätte so schön gepasst, die gefundene Mauer verläuft in einer Flucht mit dem bereits vor einigen Jahren entdeckten Kasteel.« Die Mauer wurde mit den modernsten Techniken untersucht: Es wurden digitale Messbilder angefertigt, die mit einem elektronischen und Computer gestützten Theodoliten (Winkelmess-Instrument) eingemessen wurden. Mittels eines speziellen Fotobearbeitungsprogramms können aus den digitalen Fotos nun maßhaltige und verzerrungsfreie Zeichnungen der Maueransichten erzeugt werden. Dabei erwies sich die Stadtmauer als Außenwand eines sehr großzügig angelegten Entwässerungskanals aus dem 18. Jahrhundert. Zwar wurden für den Bau spätmittelalterliche Backsteine verwendet, aber eine Befestigungsanlage war damals schon lange nicht mehr erforderlich.

Oben
Abbildung des bereits vor einigen Jahren entdeckten Kasteels. Überreste der Anlage wurden bis ins 20. Jahrhundert hinein in Ruhrorter Kellerräumen entdeckt.

Unten
Vermeintliche Reste der alten Stadtmauer aus dem 14. Jahrhundert

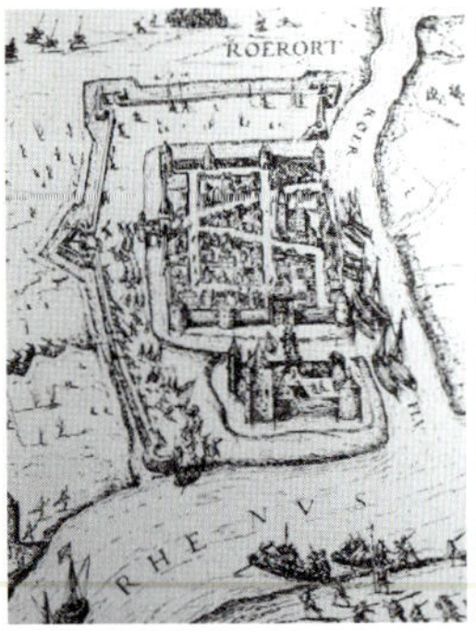

Oben
Das Kasteel im Jahre 1587 in einem Stich

Unten
Die verwinkelte Kleine Straße der Ruhrorter Altstadt

Der Bereich der Landwehrstraße wurde Anfang des 19. Jahrhunderts bebaut. Er war Grenze zu der ab 1782 geplanten und bebauten zweiten Stadterweiterung »Auf dem Hustenkamp«, der Neustadt. Die Grundstücke, ehemalige Weide- und Gartenfläche, wurde parzelliert und verkauft. Im Vorfeld wurden dort offensichtlich – ganz modern – Kanäle angelegt. Platz war genug da, also konnte man die Grundentwässerung großzügig bauen.

Wer es genau wissen will: »Der Gesamtdurchmesser des Kanals beträgt 1,25 Meter. Die lichte Innenweite 0,48 Meter. Die Kanalsohle oder Abflussrinne bestand aus einem leicht konvex gearbeiteten Sandstein. Die Abdeckung des Kanals bestand aus etwa zwölf Zentimeter starken Sandsteinplatten. Der Körper des Kanals bestand aus Ziegelmauerwerk mit rund 0,4 Meter breiten Wänden. Insgesamt hat der Kanal eine Höhe von 1,2 Metern und folgt der Landwehrstraße mindestens zu zwei Dritteln. Im vorderen Bereich zur Bergiusstraße schwenkte der Kanal nach Osten weg, so dass er nicht mehr nachgewiesen werden konnte.«, so die die Ausgrabung begleitende Archäologin Dr. Brigitta Kunz.

Dr. Volker Herrmann ist zwar enttäuscht, dass es sich nicht um die Stadtmauer handelt, erklärt aber, dass es immer 'mal wieder zu solchen Fehlinterpretationen kommen kann: »Wir Archäologen können erst dann in Aktion treten, wenn im Zuge einer Baumaßnahme Dinge freigelegt werden. Grabungen aus rein archäologischen Gründen werden hier in Duisburg nicht durchgeführt. Um dann die Bauherren, die den Fund gemeldet haben, nicht unnötig in Verzug geraten zu lassen, müssen wir erstmal schnell handeln. Im Laufe der Ermittlungen kommt man dann schon 'mal zu anderen Ergebnissen als zuvor angenommen.« Aus diesem Ruhrorter Fund, so erklärt Dr. Herrmann weiter, könne man Hinweise und Informationen zu Neuanlage von Infrastruktur und Städten im ausgehenden 18. Jahrhundert bekommen. Die Denkmalbehörde hat einen Abschlussbericht erstellt, im Internet kurz darüber berichtet und die Akte »Entwässerungskanal Ruhrort« geschlossen. »Der Fund hat nicht den Stellenwert, als dass wir hier noch weitere Nachforschungen tätigen müssten«, sagt der Bodendenkmalpfleger.

Nach diesem Fund muss also die Geschichte Ruhrorts nicht neu geschrieben werden, es sind keine besonderen Dinge gefunden worden ... Man hat lediglich festgestellt, dass der Kanal schon früh verschlammt ist und es Zuleitungen von später gebauten Kanälen gibt. Keine Sensation ... Oder doch? Sind wir hier nicht durch Zufall auf die berühmten unterirdischen Gänge gestoßen, die Ruhrort seit der Franzosenzeit durchziehen?

Ute Bopp

Die Altstadt

Erinnerungen an ein Ruhrort, das es so nicht mehr gibt

Die Ruhrorter Altstadt offenbarte Hafenromantik pur. Halten wir in der Hast des Tages inne und denken an eine Zeit, als in Ruhrort in engen Straßen Schiffer beieinander standen und um Fracht und Lohn feilschten.

Beim Blick über die Dächer zeigte sich die enge Verschachtelung der Ruhrorter Altstadt. Verantwortlich für die akute Raumnot war die Ringmauer, die die eigentliche Altstadt umfasste. Sie bestand aus insgesamt 95 Hausstellen, enge, verwinkelte alte Häuschen reihten sich aneinander. Die Fassaden liebevoll schief, Kopfsteinpflaster zierte den Boden. Die schmalen Gassen konnten mancherorts nur einzeln begangen werden, so nah standen die Häuser nebeneinander.

Die Gaststätte »Zur ewigen Lampe« in der »Kleinen Straße« war bei Schifffahrtstreibenden von Rotterdam bis Basel bekannt. Manch' fröhliche Schar hat diese Gasse gesehen. Die kleinen Häuschen könnten heute ihren 300-jährigen Bestand feiern, wäre erhaltenswerte Bausubstanz nicht für immer verloren und der Städteplanung der 1970er Jahre zum Opfer gefallen.

Ebenso wie der Hebeturm der Trajektfähre des Eisenbahnhafens. Die Eisenbahnwaggons wurden durch eine Hebebühne in den Türmen beidseits des Rheins auf die Trajektschiffe »Rhein« und »Ruhr« hinuntergelassen und von ihnen hinauf gehoben. Der Hebeturm gehörte zur »Ruhrort-Homberger-Rhein-Trajektanstalt«. Der Eisenbahnhafen wurde im Laufe der Jahre ein reiner Reparaturhafen.

Niemand bepflanzt mehr sein Fensterbrett mit bunten Blümchen, hängt den aus Holz gezimmerten Vogelkäfig an die Hauswand in der ersten Frühlingssonne oder rückt den Küchenstuhl vor dem Haus zurecht, um »Vertellekes« zu machen.

Doch trotz Modernisierung und städtebaulichem Wandel hat sich Ruhrort seinen einstigen maritimen Charme bewahrt.

Oben
Gegenüber dem hier zu sehenden alten, winkligen Häuschen war die Gaststätte »Zur Ewigen Lampe« beheimatet.

Unten links
Die Grafik gibt einen Einblick in die dichte Bebauung des Stadtkerns. Diese Häuser könnten heute über 300 Jahre alt sein.

Unten rechts
Eisenbahnwaggons wurden durch eine Hebebühne in den Türmen beidseits des Rheins auf Trajektschiffe hinuntergelassen.

Stadtentwicklung – Von der Jahrhundertwende bis heute

Umbauten – Neubauten

Oben links
Eine bunte Mischung verschiedener Baustile prägt die Häuserlandschaft Ruhrorts.

Oben rechts
Umgeben von Wasser sind die Wachstumsmöglichkeiten des Stadtteils begrenzt.

Unten
Das Amtsgericht am Karlsplatz

Das recht unterschiedliche Straßenbild in der Ruhrorter Häuserlandschaft blieb auch in den ersten Jahren nach der vorletzten Jahrhundertwende bestehen. Alle räumlichen Ausdehnungsmöglichkeiten waren seit der dritten und letzten Stadterweiterung erschöpft. Ruhrort wurde jetzt im Norden durch die Werke der Schwerindustrie, im Osten durch die Hafenanlage und im Westen und Süden durch die Flussläufe von Rhein und Ruhr begrenzt. Im Jahre 1905 kam es schließlich zur Eingemeindung von Ruhrort und Meiderich nach Duisburg. Sowohl die Ruhrorter Behörden als auch die städtischen Ämter wie Amtsgericht, Reichsbank, Postamt und so weiter blieben allerdings trotz der neuen Zuordnung an Ort und Stelle bestehen. Ruhrort war zu diesem Zeitpunkt mit 12 407 Einwohnern bereits zu einem reich bevölkerten Ort mit fast großstädtischem Charakter geworden. Die wenigen noch frei gebliebenen Grundstücke auf der »Insel« wurden von finanzkräftigen Bürgern mit großzügigen Häusern im Gründerstil bebaut. Spätestens jetzt durchzog ein ausgeprägter Stilpluralismus die Häuserlandschaft Ruhrorts und wurde gleichermaßen zu seinem Markenzeichen.

Der Karlsplatz war mit seinem Postamt, dem Gerichtsgebäude und dem

Oben
Die Häuser aus der Gründerzeit sind liebevoll restauriert.

Unten
Der Friedrichsplatz ist Hauptverkehrsknotenpunkt des Stadtteils.

Krankenhaus, dem Haniel-Stift, zum pulsierenden Mittelpunkt geworden, während der Ruhrorter Bahnhof mit seinen Parkanlagen und einer Flaniermeile zum Verweilen einlud.

Kriegseinwirkungen – Neubauten

Erst die Ereignisse des Zweiten Weltkrieges veränderten das Stadtbild Ruhrorts auf traurige Art und Weise. Während die ersten Luftangriffe im Mai 1940 nur leichte bis mittelschwere Schäden in Grünanlagen und an Häuserfronten hinterließen, fielen im Laufe der Kriegswirren ganze Straßenzüge der Ruhrorter Altstadt den Bomben zum Opfer. Auch das alte Ruhrorter Rathaus, das in seiner klassizistischen Bauweise selbst in der Kunstgeschichte des Niederrheins Beachtung fand, wurde am 9. April 1943 völlig vernichtet. Die erst 1907 fertig gestellte Rheinbrücke, die Ruhrort mit Homberg verband, wurde als strategisch wichtiger Truppenabfangpunkt am Kriegsende gesprengt. Rund 300 gesunkene Schiffe lagen damals in den Häfen und blockierten die Einmündung. Die Krananlagen und Lagerhäuser waren ebenfalls vernichtet worden. Mühsam und mit vereinten Kräften machten sich die Ruhrorter Bürgerinnen und Bürger nach Kriegsende daran, das alte Straßenbild des Hafenstädtchens wieder herzustellen. Auch wenn es an einigen Häusern lediglich mit Ausbesserungsarbeiten getan war, musste doch so manche Lücke durch einen provisorischen Neubau gefüllt werden. Bereits zu diesem Zeitpunkt zeichnete sich ab, dass die alten Häuser, die jetzt auch noch stark beschädigt und nur

Oben
Der Vinckekanal begrenzt den Stadtteil im Süden und im Westen.

Unten
Der Sanierungsbedarf ist an vielen Stellen noch immer sehr hoch.

unzureichend mit sanitären Anlagen ausgestattet waren, in Verbindung mit der zunehmenden Wohnraumenge und einem viel zu knapp bemessenen Straßenraster im Laufe der nächsten Jahre zu einem ungesunden sozialen Wohnklima führen würden.

Zahlreiche alteingesessene Ruhrorter zogen mit ihren Familien aus oder verlegten den Sitz ihrer Unternehmen an einen anderen Ort. Auch das Realgymnasium wurde aufgelöst. Doch es waren nicht nur die Kriegsfolgen, unter denen Ruhrort zu leiden hatte. Hinzu kam noch ein allmählicher Wandel beim Güterumschlag im Hafen. Das Produkt Kohle verlor zusehends an Bedeutung, während der Ölumschlag von 1936 bis 1966 auf die vierfache Menge anstieg.

Sanierung des Altstadtkerns – Neubauten

Ruhrort verlor nach dem Zweiten Weltkrieg in jeder Hinsicht an Attraktivität und sollte in den folgenden Jahren vor einige harte Bewährungsproben gestellt werden. Die bauliche Degeneration der Altstadt führte im Zusammenhang mit der rückläufigen Schleppschifffahrt und der Umorientierung der Bürger in Richtung Duisburg-Innenstadt insgesamt zu einem Verfall der gesellschaftlichen Struktur in Ruhrort. Die zunehmende Konzentration von Amüsierbetrieben mit zahlreichen Gastwirtschaften auf dem knapp bemessenen Raum prägte in den 1950er Jahren den Charakter des alten Hafenstädtchens und führte zu einem entsprechenden Milieu mit durchaus hoher Kriminalität. Die Sanierungsbedürftigkeit Ruhrorts war nicht mehr zu übersehen und um den Stadtteil vor seinem endgültigen Untergang zu bewahren, entschloss sich die Stadt Duisburg Anfang der 1960er Jahre zu einer spektakulären Sanierungsmaßnahme. Bedauerlicherweise verschwanden durch diese Sanierung nicht nur Ruhrorts »Schandflecke«, sondern auch einige architektonische Zeugen jahrhunderte langer Tradition. Heute sind sich die Verantwortlichen einig, dass die Sanierung der Altstadt von Duisburg-Ruhrort wesentlich behutsamer hätte durchgeführt werden müssen. Zum damaligen Zeitpunkt hatten denkmalpflegerische Aspekte noch nicht den Stellenwert in der Städteplanung, den sie heute haben, und außerdem hätte ein Wiederaufbau der Straßenzüge und Hauserfronten in ihrer historischen Form den Kostenrahmen gesprengt. So kam es zu der umstrittenen Sanierungsaktion auf einer Gesamtfläche von 32 000 Quadratmetern. Das Gebiet wurde begrenzt durch die Bollwerkstraße und die städtische Grünanlage im Osten, durch die Hafenstraße im Norden sowie die Krausstraße entlang des Vinckekanals im Süden und Westen.

Nicht für alle Bürger bestand die Möglichkeit, nach der Neubebauung der Ruhrorter Altstadt in ihren Stadtteil zurückzukehren. Ruhrort hatte sich zu diesem Zeitpunkt stark verändert und von der Schiffereinkaufsstadt mit ihrem dominanten Vergnügungszentrum war nicht mehr viel übrig geblieben. Zwar konnten die Bewohner jetzt wieder ruhiger schlafen, aber so manchem gebürtigen Ruhrorter fehlte das Flair der alten, verflochtenen und viel zu engen Gassen, das liebevoll an vergangene Zeiten erinnert hatte.

Oben
Die Grafik zeigt eine mögliche neue Bebauung gegenüber dem Tausendfensterhaus.

Sanierungsmaßnahmen der 1980er und 1990er Jahre

Nicht nur die Stadtväter sondern auch die Verantwortlichen der Internationalen Bauausstellung (IBA), die von der Landesregierung im Jahr 1988 ins Leben gerufen worden war, zeigen großes Interesse an der Weiterentwicklung Ruhrorts.

Im Vordergrund der zahlreichen Projekte, die den historischen Ortskern von Ruhrort der 80er und 90er Jahre des letzten Jahrhunderts wieder attraktiver werden ließen, standen neben allgemeinen Modernisierungen und Fassadenrestaurierungen auch das Schließen von Baulücken, ein sinnvolles Aufbereiten von bis dahin brachliegenden Grundstücken sowie die Aufwertung von Wohnblockinnenbereichen und die Verbesserung der privaten Grün- und Freiflächensituation.

Antje Felscher

Die Ruhrorter Brückentürme – gestern, heute, morgen

Das Tor zum Niederrhein

Oben
Friedrich-Ebert-Brücke mit den Türmen aus der Luft

Unten
Imposantes Wahrzeichen Ruhrorts oberhalb der Mühlenweide

Fährt man von Homberg nach Ruhrort über die Friedrich-Ebert-Brücke und schaut nach rechts, sieht man die Schiffe im Hafen liegen, sieht den Leinpfad und die Ruhrorter Skyline. Links blickt man nach Laar und sieht das Kraftwerk, die Ruhrorter Mühlenweide und den restaurierten Flaggenmast. Geradeaus fällt der Blick auf zwei imposante Türme, die stolz in den Himmel ragen. Das »Eingangstor« nach Ruhrort macht ganz schön was her. Schaut man dann aber genauer hin, ändert sich der Eindruck. Die Fenster des linken Turms sind mit Brettern zugenagelt. Der rechte Turm sieht besser aus, aber auch hier blättert die Farbe von den Fensterrahmen ab. Irgendwie machen die stattlichen Türme einen kranken und traurigen Eindruck.

Wie anders war es damals, vor 100 Jahren, als die Brücke über den Rhein nach vielen Jahren der Planung, des Verwerfens, des politischen Kalküls und letztlich der Entschlossenheit zweier Bürgermeister endlich gebaut werden konnte. Bereits 1872 plante man eine Brücke über den Rhein, aber aus politischen Gründen gab es dafür keine Erlaubnis – dem möglichen Einmarsch der Franzosen wollte man nicht Vorschub leisten. Außerdem wurde man sich über den optimalen Ort für die Brücke nicht einig und darüber, ob es auch gleichzeitig eine Eisenbahnbrücke werden oder nur von Fuhrwer-

ken und Fußgängern genutzt werden sollte. Der Eisenbahntrajektverkehr zwischen Homberg und Ruhrort war 1884 bereits wieder eingestellt worden, seitdem transportierten zwei Dampffähren die Menschen über den Strom.

Anfang des 20. Jahrhunderts nahmen dann die Bürgermeister aus Homberg und Ruhrort ihr Schicksal selbst in die Hand: 1902 wurde der Bau einer Brücke beschlossen, von den Baukosten in Höhe von geplanten sechs Millionen Mark sollte Ruhrort drei Viertel und Homberg ein Viertel der Kosten übernehmen. Es gab für den Bau der Brücke keine öffentlichen Zuschüsse vom Staat oder der Provinzialverwaltung, die Gelder wurden von den beiden Städten aufgebracht. Über entsprechenden Brückenzoll würde die Refinanzierung, wie man heute sagt, erfolgen. Die Gustavsburger Brückenbau-Anstalt, heute MAN, begann im August 1904 von der Homberger Landseite aus mit dem Bau der Brücke. Mit 203,4 Metern Spannweite der Mittelöffnung sollte es die damals größte Brücke in Mitteleuropa werden. 1907 wurde die Brücke mit einem großen Volksfest feierlich eröffnet.

Die ursprünglich vier Brückentürme hat der Architekt Professor Billing aus Karlsruhe entworfen. Neben den Türmen, wie sie heute auf der Ruhrorter Seite noch stehen, gab es zu jedem Turm geschwungene Arkadengänge und der Aufgang zur Brücke und den Türmen war durch eine große Freitreppenanlage sehr elegant angelegt. Das »Löwken«, der Brunnen inmitten der Anlage, ist auch heute den Ruhrortern noch ein Begriff.

Die Türme sind 32 Meter hoch, aus Basaltsäulen, aus Ruhrsandstein, rotem Mainsandstein und viel Beton und Eisen gebaut. Sie sind viergeschossig unterkellert, wobei die beiden unteren Geschosse nicht hochwassersicher sind. Aus der Festschrift zur Einweihung: »Der stromab gelegene Turm enthält fünf bloß zu Wohnzwecken dienende Geschosse.

Oben
Die alte Postkarte zeigt die ursprüngliche Gestaltung des Brückenvorplatzes mit dem Löwenbrunnen. Im Hintergrund zeigt sich die im Krieg zerstörte Admiral-Scheer-Brücke.

Mitte
Blick rheinaufwärts – am Fuße der Türme die heutige Mercatorinsel

Unten
Das mächtige Bollwerk aus Basalt und Ruhrsandstein bedarf dringend einer Restaurierung.

Oben
Von Homberg über die Friedrich-Ebert-Brücke kommend, wirken die zwei Türme wie ein Stadttor.

Mitte
Ein seltener Anblick – Rodelspaß am Hang der Mühlenweide

Unten
Blick aus dem Fenster des Südturms auf den Nordturm

Der Turm stromauf hat vier Geschosse, deren drei untere für den Betrieb einer Gastwirtschaft eingerichtet sind... Das dritte Obergeschoss enthält den großen Wirtschaftssaal, dessen Höhe der des zweiten und dritten Geschosses des stromab gelegenen Turmes zusammen genommen gleichkommt.«

Und so war der – von Ruhrort aus gesehen – linke Turm früher eine Gast- und Schankwirtschaft mit Wein- und Bierstube, die Brückenschänke. Im Arkadengang konnte man sitzen und auf den Rhein schauen. Im Wohnungs-Turm lebten die Brückenwärter, hier wurde der Brückenzoll gezahlt, der übrigens für Fußgänger fünf Pfennig, für ein Pferd oder eine Kuh 20 Pfennig und für ein Fuhrwerk gar 75 Pfennig betrug. Schon damals gab es Klagen über feuchte Wände und kaum heizbare Wohnungen. Die Brückenwärter erhielten in manchen Jahren sogar eine Extrafuhre Kohle. Im Jahre 1921 wurden Brücke und Türme von belgischen Soldaten beschlagnahmt, die diese nicht gerade pfleglich behandelten.

1929 wurde am linken Turm eine Glasveranda angebaut, die ursprüngliche Anordnung der Fenster wurde als »wenig glücklich« für eine Lokalität an so exponierter Stelle mit Ausblick auf den Rhein, die Ruhrmündung und die Hafenbecken erachtet.

Als die alte Brücke 1945 von deutschen Soldaten gesprengt wurde, um den Vormarsch der Alliierten zu stoppen, wurden die Brückentürme glücklicherweise verschont. Auch beim Bau der neuen, der jetzigen, Brücke blieben die Türme erhalten. Zuletzt wurden Mitte der 1980er Jahre größere Sanierungsarbeiten erforderlich, als Sandstein von der Fassade bröckelte. Mittlerweile ist nur noch der linke Turm bewohnt, in einer Wohnung lebt Silvia Maaßen mit ihrer Familie seit 1975. Immer wieder gab es Vorschläge, Ideen und Konzepte für die weitere Nutzung der Türme. Museum sollten sie werden, eine Gaststätte war geplant, Büros oder Wohnungen waren im Gespräch ... es gab nur nie jemanden, der wirklich so viel Geld investieren wollte. Die Türme waren Eigentum der GEBAG und Mitte 2009, so war in der Zeitung zu lesen, sei man von den ursprünglichen Kaufpreisvorstellungen abgerückt. Der nördliche Turm wurde bereits verkauft, hier sollen nun Büros entstehen. Endlich wurden Investoren gefunden, die wirklich Interesse am Kauf und einer umfassenden Sanierung haben. Die Türme hätten es verdient, wieder herausgeputzt zu werden und zu einem strahlenden und stolzen Eingangstor nach Ruhrort zu werden.

Ute Bopp

Das »Packhaus« am Franz-Haniel-Platz

Keimzelle eines Weltunternehmens

Vor mehr als 250 Jahren plante der Zollbeseher Jan Willem Noot in Ruhrort den Bau eines Lagerhauses für Kolonialwaren aus Holland. Für den Erwerb des Grundstücks benötigte er die Unterschrift des Besitzers, Friedrich II. Die Unterschrift des Preußenkönigs gilt bis heute als »Gründerurkunde« des Familienunternehmens Haniel. So wurde das so genannte »Packhaus« 1756 als erstes Haus außerhalb der alten Ruhrorter Stadtmauer als Stammhaus der Familie Haniel errichtet. Es bildete damit die erste Erweiterung der Stadt Ruhrort nach Norden hin.

Das Gesicht des Hauses ist bis heute unverändert. In seinem Inneren bewahrt es stilvoll die Geschichte der Familie Haniel durch die Jahrhunderte hinweg. Im hier untergebrachten Haniel Museum wird die Historie eines Weltunternehmens für den Besucher hautnah erlebbar.

Die Toreinfahrt des Hanielschen Packhauses sichern seit eh und je zwei goldene Hunde auf zwei Pfeilern, hoch zur rechten und linken sitzend. Die Atmosphäre dieses Hauses sucht ihresgleichen.

Die Konzernzentrale von Haniel befindet sich nach wie vor in Duisburg-Ruhrort. Um das alte Packhaus herum ist der Franz-Haniel-Platz zur modernen Firmenzentrale gewachsen. Hier stellt das Unternehmen bis heute die Weichen für seinen weltweiten Erfolg.

Oben
Der Lasthaken im Giebel zeugt von der bewegten Geschichte des Hauses.

Mitte
Architektonische Brücke zur Moderne – Der Innenhof der Franz Haniel & Cie. Holding

Das Hanielstift

Eröffnet im August 1862, blieb das Hanielstift das einzige Krankenhaus in Ruhrort. Als Spende anlässlich ihrer goldenen Hochzeit wurde der Bau 1856 von Franz und Friederike Haniel in Auftrag gegeben.

Das Hanielstift zeigt deutlich, dass für Franz Haniel Geschäfts- und Gemeinsinn untrennbar miteinander verbunden waren. Als das Hanielstift 1977 in die städtischen Kliniken Wedau integriert wurde, riss man das alte Gebäude ab. Kaminkopf und Wappensteine des ehemaligen Ruhrorter Krankenhauses blieben beim Abriss erhalten. Der Ruhrorter Bürgerverein e.V. übergab den Kaminkopf 2006 der Firma Haniel aus Anlass ihres 250-jährigen Firmenjubiläums.

Die Schifferbörse

Vom Herzstück des Hafens zur modernen Gastronomie

Die Schifferbörse blickt auf eine mehr als hundertjährige Geschichte zurück und markiert den südlichen Beginn der Dammstraße. Auf der Grundlage der »Mannheimer Akte« von 1868, die den freien Zugang zum Rhein als Verkehrsweg regelte, wurden hier täglich die Schlepperlöhne und Schiffsfrachten ausgehandelt.

Oben
Die heutige Schifferbörse zeigt sich romantisch im Abendrot.

Vom Balkon des Gebäudes im Stil der Fachwerk-Renaissance eröffnete sich der Blick auf den Rhein und die Ruhrmündung. Auf dem Vorplatz zur Eingangsfront befand sich ein Kaiser-Wilhelm-Denkmal. Für die alten Fahrensleute war sie Herzstück und Seele Ruhrorts als Treffpunkt für Einzelschiffer und Frachtgeber. Im Giebel des außergewöhnlichen Hauses stand die Inschrift: »Kein Sturm, kein Ungewitter, kein Feind, kein Trug, kein List kann dieses Haus erschüttern, wenn Gott der Schützer ist.«

Nachdem die Haupthalle den Krieg gut überstanden hatte, wurde sie 1946 durch ein gewaltiges Feuer zerstört. Der Grund war Brandstiftung durch spielende Kinder. 1951 wurde der Architekt Wilhelm Schmidt mit dem Neubau beauftragt. Seit 1961 umschließt das durch den Umbau größer gewordene Gebäude einen mit Glas überdachten Innenhof.

Unten
Der beliebte Biergarten auf der Terrasse mit Blick auf den Hafenmund

Zeitweilig beherbergte das Gebäude die städtische Musikschule und Büros bis schließlich ein Restaurant mit Biergarten eröffnet wurde. 1998 erfolgte noch einmal eine denkmalgerechte Instandsetzung. Die Institution »Schifferbörse« tagt als Vereinigung von Reedern, Verladern und Spediteuren bis heute in den Sitzungsräumen im Obergeschoss.

Der historische Dampfdrehkran von 1897, der bis 1974 am Parallelhafen seinen Dienst tat, steht auf dem Vorplatz.

Das Tausendfensterhaus

Ein monumentales Beispiel des Backsteinexpressionismus

Als Verwaltungssitz der Rheinischen Stahlwerke wurde auf der ehemaligen Hafeninsel des zugeschütteten Ring- und Werfthafens 1922 bis 1923 das so genannte Tausendfensterhaus errichtet. Der Düsseldorfer Heinrich Blecken erhielt nach einem Architekturwettbewerb den Zuschlag, den Bau im Stil des so genannten Backsteinexpressionismus zu realisieren.

In Form eines monumentalen Blockes unter einem großen Dach geben die gleichförmigen Fensterreihen dem Gebäude seinen sprichwörtlichen Namen. Das Portal mit Auffahrt und Vordach spiegelt den repräsentativen Anspruch ebenso wie die dekorativen Details im Mauerwerk und Dachansatz. Bei der Modernisierung durch Haniel im Jahre 1996 wurde der ursprünglich offene Innenhof mit einem Glasdach geschlossen. Neben einer ambulanten Augenklinik sind hier heute mehrere Firmen ansässig.

Unten
Die gewaltige Dachkonstruktion umschließt heute einen mit Glas überdachten Innenhof.

Ehemaliges Rathaus

Vom Wohnhaus zum Ratssitz

Entgegen dem ursprünglichen Plan, am Neumarkt ein neues Rathaus zu errichten, kaufte die Stadt Ruhrort 1866 am nördlichen Ende der Dammstraße das Wohnhaus Westphal. Dieses wurde bis zum Ende des 19. Jahrhunderts als Ratssitz genutzt. Durch das enorme Wachstum der Stadt wurde dies jedoch bald zu klein und so baute der Ruhrorter Baurat August Jording 1899 das ehemalige Wohnhaus von Max Haniel zum Rathaus um.

Der stattliche, dreigeschossige Bau im Stil des Neobarock an der Dammstraße 11 war damals gerade einmal zwölf Jahre alt. Bis Ruhrort am 1. Oktober 1905 mit Duisburg zusammengelegt wurde, diente das Gebäude als Ratssitz, später beherbergte es vorübergehend das Binnenschifffahrtsmuseum, heute dient es als Bürogebäude.

Oben
Das Ruhrorter Wappen als Detail in der Fassade zeugt von der einst wichtigen Bedeutung des Hauses.

Unten
Das prachtvolle Gebäude blickt auf eine abwechslungsreiche Vergangenheit zurück.

Oben
Die Front des »Bananenhauses« – ein mutiger Schritt des Malermeisters Siegel-Pieper

Alles Banane – Schillernde Kunst auf Ruhrorts Fassaden

Ein urbanes Kunstwerk in Duisburg Ruhrort

Malermeister und Kunstfreund Dieter Siegel-Pieper schuf an der Fassade des Hauses an der Karlstraße Nummer 28 gemeinsam mit dem Künstler Thomas Baumgärtel einen außergewöhnlichen Blickfang. Auf volltonigem Gelb prangen schwarz konturierte überdimensionale Bananen.

Die Banane, Markenzeichen des Kölner Künstlers, markiert seit 1986 Museen und Galerien und gilt in der Kunstwelt weithin als Auszeichnung für Qualität. Nun ist auch Duisburg Ruhrort stolz, zu den Standorten der gelben Frucht zu gehören.

Malermeister Siegel-Pieper erweckte die eigentlich wenig interessante Lochfassade des Wohnhauses zu neuem Leben. So lockt das Bananenhaus seit seiner Enthüllung im Jahre 2003 durch Altoberbürgermeister Josef Krings immer wieder internationale Besucher an, sogar das japanische Fernsehen berichtete über das spektakuläre Wohnkunstwerk.

Den Künstler Thomas Baumgärtel lernte Dieter Siegel-Pieper auf einer Kunstmesse in Basel kennen. Die beiden entschlossen sich zur Zusammenarbeit. Mit seiner Abneigung gegen das Alltagsgrau hat sich Malermeister Siegel-Pieper auch beruflich einen Namen gemacht. Seit Jahren nimmt er an Fassadenrenovierungswettbewerben teil und heimst ordentlich Preise ein. So realisierte er gemeinsam mit der Künstlerin Heide Weidele auf dem Gelände der ehemaligen Schiffswerft Lünnemann das Projekt »Blaue Grotte«. Unter ihrer Anleitung trug die Firma Pieper mehrere Schichten Blau auf den ehemaligen Abgang zu den Frachtschiffen auf. Die zusätzlich mit blauem Licht angestrahlte Grotte schimmert nachts durch die Spiegelung im Wasser intensiv blau.

Auch hinter dem Bananenhaus steckt ein von Siegel-Pieper durchdachtes technisches Konzept, um die lange Lebensdauer des Kunstwerkes sicherzustellen. Als Untergrund dient ein energiesparendes Wärmesystem, das mit einem glasgewebearmierten Putz beschichtet ist. Die Meinungen der Nachbarn gehen weit auseinander, schwanken zwischen Entsetzen und Begeisterung. Mittlerweile ist das Interesse der Ruhrorter Bürgerinnen und Bürger groß. Viele nutzen am Sonntag die Gelegenheit zu einer Führung. Regelmäßig kommen auch Schulklassen aus dem Duisburger Raum, um sich das Kunstwerk erklären zu lassen. Gleich daneben befindet sich ein liebevoll restauriertes Jugendstilhaus aus dem Jahre 1895, auch dieses Gebäude ist im Besitz des Malermeisters mit der Vorliebe für Gegensätze.

Eigene künstlerische Ambitionen hat Dieter Siegel-Pieper nicht. Die Kunst überlässt er lieber den Künstlern. Stattdessen sammelt er mit großer Leidenschaft vorzugsweise die Werke von Avantgarde Künstlern. So ist er stolzer Besitzer von Werken des österreichischen Künstlers Arnulf Rainer. Gerne erzählt er von einer Begegnung mit Joseph Beuys bei der Verleihung des Lehmbruck Preises im Jahre 1986. Der Künstler signierte bei dieser Gelegenheit einen Farbfächer des Malermeisters. »Ich bin seit vielen Jahren der Kunst verbunden und sammle moderne Klassiker. Ein Kunstwerk ist ohne Signatur nichts wert. Da wir viele unserer Fassaden auch als Kunstwerke sehen, kam ich auf die Idee, sie zu signieren. Was die Kunden dazu sagen, kann ich an einem Beispiel deutlich machen. Im letzten Jahr rief mich ein Kunde an und fragte, ob er seine Rechnung noch nicht bezahlt habe. Er hatte bezahlt und wollte wissen, warum wir dann seine Fassade nicht signiert hätten. In diesem Fall wurde dies während meines Urlaubs einfach einmal vergessen. Grundsätzlich gilt, dass wir uns mit unseren Leistungen identifizieren und dies mit der Signatur auch dokumentieren. Die Kunden wissen und schätzen dies.«

Seit 2003 begleitet die gelbe Frucht das Leben des Malermeisters. Sogar sein Auto und sein Mobiltelefon sind mit Bananen verziert. Laut eigener Aussage isst er jeden Tag mindestens eine der gelben Tropenfrüchte.

Oben
Wohnen in einem Kunstwerk – in Ruhrort möglich seit 2003

Mitte
Die Signatur des Künstlers Thomas Baumgärtel

Unten
Zunächst kritisch beäugt, erfreut sich das Bananenhaus heute großer Beliebtheit in der Nachbarschaft.

Eduard-Carp-Schule

Architektonische Attraktion Ruhrorts

Oben
Der eiserne Schulzaun wurde vor dem Zweiten Weltkrieg entfernt und in Kriegsgerät umgeschmolzen.

Unten links
Die Eingangsportale liegen streng symmetrisch an beiden Seiten der Front zur Carpstraße hin.

Unten rechts
Farbenfroh und ausdrucksstark beherrschen die »Flamingos« von Rudolf Eriksdun als Wandgemälde und Blickfang die Aula der Carpschule.

Am 1. April 1900 ging die evangelische Kirchengemeinde in die Obhut der Stadtgemeinde Ruhrort über: Hiermit reifte auch bei den Stadtvätern der Plan, ein neues Schulgebäude zu errichten. Bereits im Mai desselben Jahres begannen die Verhandlungen mit den Haniel-Erben um das Terrain zwischen der damaligen Oberdammstraße, der Milchstraße und der Verlängerung der Luisenstraße. Auf Initiative von Justizrat Eduard Carp erfolgte schließlich der Neubau der Evangelischen Schule nach den Plänen von Baurat Jording an der Oberdammstraße, die 1905 – gleichzeitig mit der Einweihung der neuen Schule – in Carpstraße umbenannt wurde. Am 26. April 1985 erhielt die Schule anlässlich ihres 80-jährigen Bestehens den Namen Eduard-Carp-Schule. Mit 843 Schülerinnen und Schülern begann 1905 der Unterricht in dem repräsentativen Gebäude, dessen schön gegliederte Backsteinfront mit den großzügigen Eingangsportalen noch heute zu den architektonischen Attraktionen Ruhrorts zählt. Der Baukörper wurde damals nach Jungen- und Mädchentrakt getrennt und daher auch mit zwei Schulhofseingängen versehen. Karl Clößner, der als erster Rektor die Schule von 1905 bis 1913 leitete, schreibt in einem Kurzbericht über die Schule: »Räume, Geräte, Lehrmittel, die allen Anforderungen der Neuzeit entsprechen; schöne Badeeinrichtung; luftige Turnhalle, helle, gesunde Klassenräume.«

Ab Mitte Dezember 1938 entfernte man aus dem Schulzaun die Eisenteile – eine Maßnahme der Reichsregierung zur Unterstützung der Aufrüstung. Die Carpschule wurde durch die Luftangriffe im Zweiten Weltkrieg schwer in Mitleidenschaft gezogen und es mussten mehrfach bauliche Veränderungen vorgenommen werden.

Das Herzstück der Schule, die Aula, wird an ihrer Stirnwand noch heute geschmückt durch das 1960 fertig gestellte Gemälde »Flamingos« des deutschen Expressionisten Rudolf Eriksdun.

Antje Felscher

Schmuckstück zwischen alter Post und Amtsgericht

Karlsplatz

Der Karlsplatz wurde ab 1886 aufgeschüttet und 1890 im Rahmen des Stadterweiterungsplans als repräsentatives Zentrum das Stadtbezirkes fertig gestellt. Zur Erholung der Bürger und zur Verschönerung des Stadtbildes erhielt das Innere des Platzes eine parkähnliche Bepflanzung. Mit Wohnhäusern verschiedener Epochen und einigen öffentlichen Gebäuden galt der Platz lange als schönster Platz Deutschlands. Fixpunkte sind das Amtsgericht mit dem prächtigen Treppenhaus und das schräg gegenüber liegende alte Postamt im Stil der Neorenaissance. Hinter dem Amtsgericht unter hohen Bäumen befindet sich seit etwa 1912 die »freundlichste Trinkhalle des Ruhrgebiets«.

Auf der östlichen Seite des Karlsplatzes befindet sich seit 1894 das im klassizistischen Stil erbaute Gebäude der Ruhrorter Zeitung. Ab 1873 erschien die Zeitung, ging aber ab 1922 in der »Rhein- und Ruhrzeitung« auf. Südlich des Karlsplatzes befand sich ab 1862 der »Haniel Krankenstift« in der Hanielstraße. Das große Gebäude wurde 1975 geschlossen und abgerissen.

Oben
Mit der parkähnlichen Bepflanzung im Inneren galt der Karlsplatz einst mit Recht als schönster Platz Deutschlands.

Unten
Das Amtsgericht mit seinem wunderschönen Giebel

Das hoffentlich letzte Zuhause der »Felicitas publica«

Vinckeplatz

An der Hauptverkehrsachse zwischen Duisburg und Ruhrort markiert der Vinckeplatz heute die Einmündung mehrerer Nebenstraßen in die Ruhrorter Straße. Die Namensgebung ehrt Ludwig Freiherr von Vincke (1774 bis 1844), seinerzeit Oberpräsident der preußischen Provinz Westfalen für seine Verdienste um den Aufbau des Ruhrorter Hafens. Das für ihn errichtete Denkmal, die Vincke Säule, wurde 1845 zunächst zwischen Kaiserhafen und Hafenkanal (heute Vinckekanal) errichtet.

Die 7,5 Meter hohe Granitsäule auf einem hohen Sockel wird bekrönt von der Bronzefigur »Felicitas publica«. Mit einem Füllhorn im Arm soll sie Glück und Wohlstand für das Gemeinwesen symbolisieren.

Die heutige Figur ist nur eine Replik von 1962, da die ursprüngliche Bronze 1941 für die Rüstungsindustrie eingeschmolzen wurde. Kurios ist der häufige Standortwechsel des Denkmals, unter anderem zur Mühlenweide am Hafenmund, bis die Glücksgöttin vor einigen Jahren an die Stelle zurückgekehrt ist, wo sie 1925 und nach 1945 schon einmal stand.

Unten
Das Zentrum des Vinckeplatzes bildet die Granitsäule mit der Glücksgöttin.

Das Zentrum der Altstadt im Wandel

Neumarkt

Oben links
Das damalige Stadtzentrum von Ruhrort um 1906

Oben rechts
Eine Simulation des Projekts Masterplan Ruhrort ermöglicht einen Blick auf den Neumarkt der Zukunft.

Unten
Der immer noch wunderschöne Platz hat gerade heute städteplanerisches Potential.

Der lang gestreckte, rechteckige Neumarkt sollte durch die Stadterweiterung ab 1782 das Zentrum des öffentlichen Lebens in Ruhrort werden. Eine Kirche an der Kopfseite im Westen und ein kleines Rathhaus im Osten waren dafür geplant, wurden jedoch durch mehrere Flutkatastrophen niemals realisiert. So blieb der Neumarkt lange ein unbefestigter Morast. 1871 wurde nach dem Sieg über die Franzosen in der Platzmitte ein Kriegerdenkmal mit Viktoria und Siegerkranz errichtet, die 1941 der Metallschmelze des Krieges zum Opfer fiel.

Entsprechend dem Führer-Sofortprogramm entstand 1942 an der Stelle der Kirche ein Hochbunker für den zivilen Luftschutz. In die dicken Betonmauern wurden nach dem Krieg Fenster eingebrochen und der Bunker wurde zu 13 Wohnungen umgebaut. Heute dienen die Räume dem Christopheruswerk als Werkstätten für Beschäftigungstherapie. Die ehemals dem Bunker angegliederte und für das Ruhrgebiet »unverzichtbare« Trinkhalle wird seit 1950 an der gegenüberliegenden Bedürfnisanstalt in einem Anbau betrieben. Mit den mehrgeschossigen Kaufhäusern mit großen Schaufenstern und prachtvollen Fassaden muss der Neumarkt um das Jahr 1912 herum ein ganz anderes Bild als heute geboten haben.

Der Neumarkt spiegelte seinerzeit den Wohlstand des dicht bevölkerten Ruhrorts durch das Hafengewerbe wieder.

Doch auch heute noch hat sich der Platz seine Atmosphäre bewahrt und wartet geduldig auf seine Wiederentdeckung. Im Rahmen des Masterplans Ruhrort soll der Platz zu einem attraktiven und freundlichen Zentrum umgestaltet werden. Vorgesehen sind Rückbau des Bunkers, Schaffung neuer Sitzmöglichkeiten unter den Bäumen und die Ansiedlung neuer Einzelhändler und Gastronomen. Die historischen Fassaden sollen weiterhin hochwertig saniert und Baulücken geschlossen werden.

Der Hauptverkehrsknoten von Ruhrort

Friedrichsplatz

Der Friedrichsplatz bildet bis heute den Übergang zum angrenzenden Stadtteil Laar. Bereits 1852 wurde hier die Hütte Phoenix gegründet, wo viele Ruhrorter Arbeit fanden, so dass der Platz schon früh ein wichtiger Verkehrsknotenpunkt war. Seit 1848 ist Ruhrort an das Eisenbahnnetz angeschlossen und 1852 wurde der Bahnhof eingeweiht. 1896 wird der ehemalige Bahnhofplatz in Friedrichsplatz umbenannt und ist seit 1897 auch mit der Straßenbahn zu erreichen. Insgesamt treffen fünf Straßen am Friedrichsplatz aufeinander. Der Bahnhof ist heute nur noch S-Bahn Haltepunkt. Von der Jahrhundertwende bis zum Zweiten Weltkrieg bewirteten hier fünf Hotels ihre Gäste, an jeder Straßenecke eines. Hier gab es einen Konzertsaal, ein Kino, zahlreiche Kneipen und natürlich eine Trinkhalle, die seit 1894 mehrmals versetzt wurde, aber bis heute besteht. Der frühere Glanz des Friedrichsplatzes ist jedoch nicht mehr vorhanden. Geblieben sind verblichene Aufschriften und einige Imbissbuden – in einer von ihnen soll sich Tatort Kommissar »Schimanski« besonders gerne aufgehalten haben.

Oben
Heute ist der Friedrichsplatz Verkehrsknotenpunkt des Stadtteils.

Ruhrschleuse

Die Durchfahrt zum Rhein-Herne Kanal

Das Ruhrwehr zwischen Ruhrdeich und Hafenzunge entlang des Kanals ist das letzte Stauwehr der Ruhr vor ihrer Mündung in den Rhein. Es reguliert den Abfluss des Ruhrwassers und kann bei hohen Rheinwasserständen verhindern, dass umgekehrt Rheinwasser in die Ruhr aufsteigt. 1948 errichtet, ermöglicht die Schleuse mit den massiv ummauerten Pfeilern die Schifffahrt ruhraufwärts bis in den Mülheimer Hafen. Als der Kohletransport sich auf die Schiene verlagerte, wurde die Frachtschifffahrt flussaufwärts bereits 1890 eingestellt.

Neben dem Ruhrwehr wurde die Ruhrschleuse, ausgestattet mit einer 350 Meter langen Kammer, eingerichtet, um auch langen Schleppzügen die Passage zu ermöglichen. Die 1987 eingerichtete Verbindung zum Rhein-Herne Kanal, der oberhalb der Schleuse von der Ruhr abzweigt, ermöglicht die Durchfahrt zum Dortmund-Ems-Kanal.

Friedrich-Ebert-Brücke

Verbindung zwischen Ruhrort und Homberg

Oben links
Die Verbindung zwischen den Stadtteilen Ruhrort und Homberg über den Rhein

Oben rechts
Malerische Abendstimmung auf der Friedrich-Ebert-Brücke

Mitte
Die alte Admiral-Scheer-Brücke vom Pegel aus gesehen

Unten
Aus der Luft zeigt sich die Brücke in ihrer vollen Länge.

Die Friedrich-Ebert-Brücke verbindet die beiden durch den Rhein getrennten Duisburger Stadtteile Ruhrort und Homberg. 1872 unternahmen die Bürgermeister beider Stadtteile die ersten Bemühungen zum Bau einer Brücke. Jedoch verweigerte der preußische Staat lange die Baugenehmigung. Es wurde befürchtet, dass den feindlichen Franzosen die Rheinüberquerung damit erleichtert würde. So wurde erst 1903, nach veränderten politischen Umständen durch die Reichsgründung, ein Wettbewerb ausgeschrieben. 1904 wurde schließlich mit dem Bau nach Entwürfen des Karlsruher Architekten Professor Hermann Billing durch das Bauunternehmen Grün und Bilfinger begonnen. Schließlich wurde sie nach drei Jahren Bauzeit im Jahre 1907 unter

dem Namen »Admiral-Scheer-Brücke« fertig gestellt. Anschlussbrücken auf beiden Rheinseiten über die angrenzenden Eisenbahnhafenbecken wurden errichtet. Die beiden Brückentürme auf Ruhrorter Seite stellen architektonisch ein »Gegengewicht« zur Brücke dar. Hier wurde der Brückenzoll erhoben und zeitweise wurde eine Gastronomie betrieben. Unmittelbar unterhalb der Türme befanden sich zwei Säulengänge, die die Türme mit der Brücke verbanden. Bis heute wirken die Türme wie ein »Eingangstor zur Stadt«. Die niedrig gelegenere Fürst-Bismarck-Straße war über eine breite doppelläufige Treppe erreichbar. Auf einem Absatz dieser Treppe befand sich bis zum Krieg ein Brunnen mit einer Löwenfigur. 1945 wurde die Brücke gesprengt und 1951 bis 1954 als »unechte Hängebrücke« (Zügelgurtbrücke) neu errichtet.

Karl-Lehr Brücke

Wie ein Teilstück der Kölner Hohenzollernbrücke nach Ruhrort gelangte

Nachdem bis ins 19. Jahrhundert hinein der Personen- und Güterverkehr zwischen Duisburg und Ruhrort ausschließlich über Fährschiffe abgewickelt wurde, errichtete Franz Haniel 1864 auf eigene Kosten die erste Brücke über den Kaiserhafen und den Hafenkanal. Bis heute führt die Ruhrorter Straße über die Karl-Lehr Brücke Richtung Tausendfensterhaus und bildet damit nicht nur eine wichtige Verbindung zwischen Innenstadt und Ruhrort sondern auch das Eingangstor zum Stadtteil. Da die Fahrbahn und die Durchfahrtshöhe jedoch bald schon nicht mehr ausreichten, begann man 1907 mit dem Neubau einer Bogenbrücke. Diese führte mit einer Gesamtlänge von 70 Metern in drei Abschnitten über Ruhr, Kaiserhafen und Hafenkanal.

Auch modernen Schiffen und Dampfern mit ihren hohen Aufbauten war die Durchfahrt nun möglich. Der Name der Brücke ehrt den Bürgermeister Karl Lehr für das Vorantreiben des Zusammenschlusses von Duisburg und Ruhrort, welcher den lang währenden Wettbewerb endlich beendete. Bis zum Zweiten Weltkrieg war der Brückenzug der meist befahrene in Westdeutschland. Zum Ende des Krieges wurde die Brücke 1945 von deutschen Soldaten gesprengt und erst 1949 wieder aufgebaut. Gegen Eisenbezugsscheine tauschten die Kölner ein Teilstück der zerstörten Hohenzollernbrücke, welcher bis heute den ersten Abschnitt über die Ruhr überbrückt.

Heute sind die einzelnen Teilstücke der Brücke stark sanierungsbedürftig und warten auf entsprechende Maßnahmen.

Oben
Die historische Brücke von 1864 wurde schon ab 1907 durch die Bogenbrücke ersetzt, um dem erhöhten Verkehrsaufkommen gerecht zu werden.

Unten
Die heutige Karl-Lehr-Brücke mit den angrenzenden Hafenanlagen aus der Vogelperspektive

Oben
Eine bunte Vielfalt verschiedener Flaggen am Ruhrorter Fahnenmast

Unten
Die Flagge von ›duisport‹ weht im Sommerwind.

Steuerhaus eines Schiffes. Hier arbeiten sie gemeinsam an den Firmenchroniken; Irmgard Scherf, die gelernte Bürokauffrau, liest Korrektur und tippt Texte für die Ausstellungen. In der Ruhrorter Stadtbibliothek, im Binnenschifffahrtsmuseum haben sie ausgestellt, 2005 hatten sie sogar einen Messestand auf der »Boot« in Düsseldorf in Zusammenarbeit mit dem Binnenschifffahrtsmuseum. »Da konnten wir uns so richtig ausbreiten«, erinnert sich Karl Scherf.

Zu einem »Renner« hat sich die Idee entwickelt, leerstehende Schaufenster in Ruhrort zu dekorieren. »Mittlerweile bekommen wir sogar Anfragen von Geschäftsleuten, die auch 'mal Bilder in ihren Schaufenstern ausstellen wollen«, freut sich Irmgard Scherf. Es ist viel Arbeit, solch eine Ausstellung vorzubereiten, aber diese Arbeit macht viel Spaß, sind sich beide einig. Nach einer Ausstellung ist vor einer Ausstellung? Karl und Irmgard Scherf planen immer etwas. Aber zwischendurch bremst Irmgard Scherf ihren Mann: »Es muss ja auch 'mal etwas anderes geben. Wir fahren viel Rad, trainieren für das Sportabzeichen und genießen unser Leben.« Wir plaudern noch etwas über das alte Ruhrort, die Kneipen, den Schwarzmarkt, die Schleppschiffe ... Dann begleiten sie mich hinaus in den lauen Sommerabend. »Mal schauen, ob wir am Leinpfad noch ein Bierchen bekommen ...!«

Ute Bopp

Silvia Maaßen – Ein Leben im Turm

Wie es sich in einem Wahrzeichen lebt

Neugierig mache ich mich am Samstagmorgen auf den Weg, denn ich kann mir gar nicht vorstellen, wie eine Wohnung dort im alten Brückenturm wohl aussehen mag – in dem Wahrzeichen unseres Stadtteils. Silvia Maaßen wohnt im Erdgeschoss, in der ehemaligen Bierstube der »Brückenschänke«.

Oben links
Richard-Hindorf-Platz Nummer 1 – eine außergewöhnliche Adresse

Oben rechts
Seit über dreißig Jahren lebt Silvia Maaßen im Turm.

Unten
Exklusiver Blick über die Dächer von Ruhrort

Oben
Maroder Charme im Turmzimmer – Die Gebäude freuen sich auf ihre Renovierung.

Unten
Immer im Kreis geht es vier Stockwerke hinauf.

Wir gehen in ihr Wohnzimmer und hier offenbart sich gleich das Besondere: der Blick auf den Rhein aus den großen Panoramafenstern des Anbaus. Trotz der verrotteten Holzrahmen, die kaum noch richtig schließen, sind die alten Kassettenfenster (zwei Scheiben und zwischen beiden etwa zehn Zentimeter Luft) gar nicht schlecht, denn so, sagt Silvia Maaßen, müsse der Wind an dieser Wetterseite erst durch einige versetzte Ritzen wehen, ehe er in die Wohnung dringe. Silvia Maaßen, 57 Jahre und Sozialpädagogin von Beruf, lebt gerne im Turm. Als sie 1975, also vor 33 Jahren einzog, eine junge Frau, die dem Landleben am oberen Niederrhein entfliehen wollte, erntete sie von ihrer Familie und einigen Mitmenschen nur Kopfschütteln.

»Wie kannst du nur?«, das habe sie oft gehört, erinnert sie sich schmunzelnd. Heute hätte es die Tochter gerne woanders etwas schicker, aber das kommt für Silvia Maaßen nicht in Frage. Die Wohnung im Brückenturm ist ein Stück persönliche Freiheit für sie, die sie nicht aufgeben möchte. Gerne würde sie in die Wohnung im ersten Stock ziehen, da von dort der Blick noch besser ist, aber seit vielen Jahren wird sie von der GEBAG vertröstet. Sie beklagt, dass seit Jahrzehnten nur noch das Nötigste getan wird und beispielsweise die Fenster, die bereits bei ihrem Einzug in einem beklagenswerten Zustand waren, bis heute nicht ausgewechselt wurden. Nach einer Grundsanierung könnten die Denkmäler Schmuckstücke sein und einladendes Eingangstor nach Ruhrort. Von den fünf Wohnungen im Turm sind nur noch zwei bewohnt, im dritten Stock wohnt der Künstler Willy Meyer. Wir machen eine Turmbesichtigung und dabei erzählt Silvia Maaßen, dass immer wieder Leute an ihrer Tür klingeln und fragen, ob eine Wohnung im Turm frei sei.

Seit dem letzten Vorstoß, von dem man in der Zeitung lesen konnte, finden wieder viele Besichtigungen statt. Sie ist sehr gespannt, ob nun wirklich in die Türme investiert wird.

Das Treppenhaus nimmt die ganze linke Seite des Turms in Anspruch. Über vier Etagen zieht sich die schneckenförmige Treppe nach oben. Durch die vielen Fenster ist es hell und freundlich. Steinstufen, ein schmiedeeisernes Gitter – ein normales Treppenhaus eben, wenn man nicht bei jedem Blick durch

die Fenster erneut Luft schnappen müsste. Nicht, weil man angesichts der sechs Stockwerke außer Atem geriete, sondern wegen des Blickes auf Ruhrort.

In den nicht bewohnten Wohnungen sieht man, wo Renovierungsbedarf besteht: die Bäder und die Küchen entsprechen nicht den heutigen Standards, die Fenster sind einfach und oft sind auch Wasserflecken zu sehen. Aber die kleinen Erker und – natürlich – der Blick aus dem Fenster entschädigen und es fällt nicht schwer sich vorzustellen, wie man die Wohnungen zu gemütlichen kleinen Refugien umbauen kann.

Silvia Maaßens Wohnung ist 87 Quadratmeter groß, die oberen Wohnungen sind wegen des fehlenden Anbaus kleiner. Eine besondere Wohnung ist die von Willy Meyer: der »Rittersaal«, damals die Weinstube. Hier ist die Decke sechs Meter hoch, sie ist mit Holzkassetten verkleidet, ein großer Kamin mit Stuckverzierung und schmiedeeisernem Gitter steht an der Wand. Eine Zwischendecke wurde eingezogen, damit man noch mehr Wohnraum hat. Augenzwinkernd erzählt Silvia Maaßen, dass in dieser Wohnung die Bewohner, häufig Künstler, schwermütig wurden oder sich sogar umgebracht haben. Einraum-Wohnungen seien eben nicht für jedermann bewohnbar. In den über 30 Jahren im Turm hat sie natürlich viele Leute kommen und wieder gehen sehen. »Viele sind schnell wieder ausgezogen«, so Silvia Maaßen, »andere eher notgedrungen.« So konnte ein junges Paar sein kleines Kind nicht mehr Tag für Tag die vielen Stufen in die oberste

Oben
Blick aus dem Turmzimmer auf die Brücke am Eisenbahnhafen

Etage des Turms schleppen. Und eine ältere Mieterin musste unter Tränen in eine altengerechte Wohnung umziehen. In der zweiten Etage hat von 1947 bis in die achtziger Jahre Hans Kraus gewohnt, ein für den Bau der neuen Brücke verantwortlicher Baurat. Er war der Hüter der »letzten Turmgeheimnisse«. Hat hier natürlich für Ordnung gesorgt, war die Brücke doch quasi sein »Kind«.

Um im Turm wohnen zu können, so hat Silvia Maaßen festgestellt, müsse man besondere Vorstellungen vom Wohnen haben. Einbauküche und Wohnzimmerschrankwand, ein geräumiges Bad und Fußbodenheizung gehören nicht dazu. Eher müsse man improvisieren, bei kleineren Reparaturen selbst Hand anlegen können und bei größeren und kleineren Katastrophen wie Wasserrohrbrüchen, Fenstern, die nicht richtig schließen, gebrochenen Fensterscheiben – nicht die Nerven verlieren.

Wenn dann 'mal wieder ein Gewitter aufzieht über dem Rhein steigt Silvia Maaßen immer noch hin und wieder mit einer Tasse Tee oder einem Glas Wein ein paar Stockwerke nach oben, lässt sich im Treppenhaus nieder und beobachtet das Wetter von exponierter Stelle. Das macht das besondere Lebens- und Wohngefühl aus. Jedesmal, wenn Silvia Maaßen aus Homberg kommt und die Ruhrorter Skyline sieht, die trutzigen Türme, die wie ein Eingangstor den Hafenstadtteil für Auswärtige und Einheimische öffnen, freut sie sich über deren Schönheit. Überhaupt solle man sich viel mehr mit schönen Dingen umgeben und Ruhrort habe da so einiges zu bieten. Aber das ist eine andere Geschichte ...

Ute Bopp

Mord in Ruhrort

Historischer Kriminalroman »Das rote Licht des Mondes« von Silvia Kaffke

Unten
Die verwinkelten Gassen der Altstadt sind die perfekte Kulisse für einen historischen Kriminalroman.

Ruhrort in der Literatur – da gibt es Festschriften der Vereine und Firmen, Bücher über den Hafen mit detaillierten Angaben zum Umschlag in Tonnen, Bildbände mit historischen Fotos oder geschichtliche Abhandlungen über die Stadt Ruhrort. Auch Carl Mandelartz und Amalie Weidner-Steinhaus und andere sind mit ihren Geschichten über Ruhrort bekannt.

Aber ein richtiger Roman, der in unserem schönen Stadtteil spielt? Mit Silvia Kaffkes Krimi »Das rote Licht des Mondes« ist diese eklatante literarische Lücke nun geschlossen worden. Wir

schreiben das Jahr 1854 in Ruhrort. Die Phoenix-Hütte zwischen Laar und Ruhrort wird gebaut, Arbeiter aus allen Teilen des Landes und aus Wallonien sorgen für steigende Einwohnerzahlen in Ruhrort. Das Leben pulsiert im Hafen und in der Altstadt. Die Trajektanstalt, mit deren Hilfe Eisenbahnen den Rhein überqueren können, wird gebaut. Spediteure, Reeder und Kaufleute aus Ruhrort investieren in die neuen Industriezweige, bauen neue Häuser und lassen es sich gut gehen. Ein gutes Leben möchte auch Lina Kaufmeister führen. Die unverheiratete Tochter eines erfolgreichen Spediteurs hat andere Ideen, als dem Bruder den Haushalt zu führen. Sie will ihr eigenes Geld verdienen und als Kleidermacherin unabhängig sein – für eine Tochter aus gutem Hause zu jener Zeit undenkbar. Eine Mordserie an jungen Frauen sorgt in der aufstrebenden Industriestadt für Unruhe. Der Bürgermeister William Weinhagen wünscht eine schnelle Aufklärung der Fälle – die Spuren, die in die »bessere Gesellschaft« Ruhrorts führen, soll der neue Commissar Robert Borghoff aber bitte nicht weiterverfolgen – dies könnte der aufstrebenden Stadt schaden und potentielle Investoren abschrecken.

Durch Zufall gerät Lina in die Ermittlungen von Commissar Borghoff und – ohne hier zuviel zu verraten – ist maßgeblich an der Aufklärung der Mordfälle beteiligt. Silvia Kaffke hat ein mitreißendes und detailliertes Portrait der Ruhrorter Gesellschaft der 1850er-Jahre geschrieben. Wir erfahren, wie das tägliche Leben in Spediteur- und Kaufmannskreisen abläuft, Essens- und Feiergewohnheiten werden liebevoll beschrieben und vor allem ... Ruhrort. Mit Lina Kaufmeister und Robert Borghoff laufen wir durch die engen Gassen der Altstadt, flanieren über die elegante Dammstraße, stürzen uns ins Marktgetümmel am Neumarkt und tasten uns durch den dichten Nebel, der vom Rhein her durch Ruhrorts Straßen zieht. Die mysteriösen Schmugglergänge aus der Franzosenzeit unter Ruhrort spielen eine zentrale Rolle – ach, man sollte doch wirklich im Keller mal graben, vielleicht gibt's da ja noch einen geheimen Gang!

Oben
Kommissar Borghoff versucht das Rätsel um die mysteriösen Mordfälle zu lösen.

Unten
Die Gebäude in den geschichtsträchtigen Straßen wären heute 300 Jahre alte Zeitzeugen.

Oben
Durch den regen Handel war Ruhrort eine Stadt im Aufschwung.

Aber nicht nur das historische Ruhrort wird lebendig durch Silvia Kaffkes Beschreibungen. Menschliche Abgründe tun sich auf in der Mordserie an jungen Frauen und Kindern. Was zunächst blutrünstig und brutal beginnt, wird im Laufe der Geschichte immer surrealer. Silvia Kaffke versteht es, nach einem gemächlichen Beginn das Tempo unmerklich anzuziehen und eine Parallelgesellschaft entstehen zu lassen, deren okkulte Rituale und Metamorphosen die nebeligen Herbstnächte im »alten« Ruhrort noch düsterer erscheinen lassen. Silvia Kaffkes erster historischer Kriminalroman balanciert geschickt auf dem Grat zwischen Historie und Fiktion, zwischen »so könnte es tatsächlich gewesen sein« und »das kann doch gar nicht, das ist doch gar nicht möglich ...« und wird dadurch rund und absolut spannend. Nicht nur für Ruhrorterinnen und Ruhrorter eine absolute Pflichtlektüre, auch Krimifans werden hervorragend bedient.

Silvia Kaffke wurde 1962 in Duisburg geboren, studierte Publizistik und Germanistik in Bochum. Sie ist Trägerin des Kulturförderpreises 2000 der Stadt Düsseldorf. Und – sie lebt selbstverständlich in Ruhrort.

Ute Bopp

Vom Barbier zum Haarstylisten – Seit 1872 Friseur Westerhelweg

Ein Traditionsunternehmen im Wandel der Zeit

Unten
Gustav Stresemann und Wilhelm Lehmbruck zählten zu den Kunden von Friseur Westerhelweg.

Schon Gustav Stresemann und Wilhelm Lehmbruck gaben sich hier die Klinke in die Hand. Warum, lesen Sie im Firmen-Portrait über den alt eingesessenen Friseursalon im Herzen Ruhrorts, am Neumarkt.

Die Friseure der Vorzeit beschränkten sich nicht nur auf das Waschen und Legen der Haare.

Neben der klassischen Barbierkunst waren die Ur-Figaros auch für das Zähneziehen, das Schröpfen und das Versorgen von kleineren Wunden und Leiden, zuständig.

Dies ist auch der Ursprung eines Zitates, wobei aus dem »r« in barbieren durch schluderige Aussprache schnell: »jemanden über den Löffel balbieren« wurde. Aus dem Ursprung durchaus nachvollziehbar, denn: Die alten Barbiere steckten älteren, zahnlosen Männern mit eingefallenen Wangen einen Löffel in den Mund, um die zum Rasie-

ren nötige Rundung zu erzeugen. Also eine sinnvolle Dienstleistung am Kunden und nicht die, heute oft fälschlich vermutete Annahme, jemanden übers Ohr hauen zu wollen.

Seit dem 1. Januar 1872 ist die Barbier- und Rasierstube »Westerhelweg« bei der Handwerkskammer nachweislich eingetragen. Immer an gleicher Stelle: dem Neumarkt, mitten im Herzen von Ruhrort, dem schönen Hafenstadtteil Duisburgs. Und immer, bis zum heutigen Tage, unter dem gleichen Familiennamen.

Adolf Westerhelweg (1852 bis 1910), der Gründer des Betriebs, übergab seinerzeit die Rasierstube an seinen Sohn Heinrich-Adolf Westerhelweg (1885 bis 1954). Zu seinen Kunden gehörten Persönlichkeiten, die sowohl die Dienste der Barbiere als auch eine gute Zigarre zu schätzen wussten, wie Wilhelm Lehmbruck und Gustav Stresemann, der auf Staatsreisen die 1. Rasierstube am Platze besuchte, sowie Kunden aus aller Welt. Ruhrort war ein florierender Hafenstadtteil, der durch die Schifffahrt zu nationalem und internationalem Ruf gelangte. Heinrich-Adolf erweiterte seinerzeit das Angebot um Rauch- und Tabakwaren und vertrat exklusiv die Firma »4711 Kölnisch Wasser«. 1953 übernahm sein Sohn Gerd-Adolf Westerhelweg (1930 bis 2002) zusammen mit seiner Mutter Margarete Westerhelweg, das Geschäft seines Vaters und war jüngster Meister seiner Zunft.

1956 erfolgte der Umbau, bei dem das Angebot um einen Damensalon erweitert wurde. Nach dem Tode seiner Mutter (1976) modernisierte er mit seiner Ehefrau Gerda Westerhelweg das Privat- und Geschäftshaus. Mit viel Engagement, Ausdauer und Geschick bauten sie das Geschäft gemeinsam zu einem florierenden, modernen Unternehmen aus, das sich über die Stadtgrenzen hinaus einen Namen gemacht hat. Nach und nach kamen Filialen in Ruhrort, Meiderich, Homberg und

Oben
Das Innere des Friseursalons um 1942 – Nostalgie pur

Mitte
Französischer Werbeträger vor historischem Neumarkt

Unten
Das Ladenlokal am Neumarkt um die Jahrhundertwende

Oben
Wie eh und je am gleichen Standort – die neue Fassade am Neumarkt

Unten
Ganz modern präsentiert sich der Friseursalon heute

Huckingen hinzu. Im Jahre 1985 wurde die erste Etage des Hauses zu einem modernen, lichtdurchfluteten Salon umgestaltet. Bis zu 25 kompetente, langjährige Mitarbeiter trugen zum Gelingen und Erfolg des Geschäftes bei. Als 2002 Gerd-Adolf Westerhelweg nach schwerer Krankheit verstarb, übernahm seine älteste Tochter Anja Westerhelweg-Unverzagt den traditionellen Familienbetrieb am Neumarkt in der vierten Generation. Die Friseurmeisterin leitete bis dahin 14 Jahre lang ihren eigenen Salon im Duisburger Süden. Ob Sohn Matheo einmal die fünfte Generation antreten wird, ist noch ungewiss.

Ihre jüngere Schwester Rosanna Westerhelweg ist ebenfalls Friseurin und arbeitet im Meidericher Filialbetrieb. Heute präsentiert sich der Damen-, Herren- und Kinder-Salon als feste Größe im Ruhrorter Dienstleistungssektor. Das Angebot reicht vom klassischen Facon und der Nassrasur im Herrensalon bis hin zu modernsten Haarschneidetechniken, wie zum Beispiel trendige Tribals. Bei typgerechter Beratung bietet der Friseur für die ganze Familie: aktuelle Colorations- und Strähnentechniken sowie Umformungen für jeden Haartyp und vieles mehr. Geschulte und qualifizierte Mitarbeiter bedienen Sie zu moderaten Preisen. Hausbesuche innerhalb Ruhrorts sowie ein Krankenhausservice in Homberg runden die Angebotspalette ab.

Auch in Zukunft wird das Team vom Friseur Westerhelweg auf Expansion setzen, um auch weiterhin alle Kundenwünsche zu verwirklichen. Nach 136 Jahren freut sich das Team immer noch auf Ihren Besuch!

Horst Lehnen erinnert sich – Die Rettung der Brückentürme

Eine besondere Geschichte

Oben

Ein Blick ins Lehnensche Familienalbum. Stadtbau-Oberinspektor Theo Lehnen und sein Sohn Horst.

Darf man das wirklich abdrucken, wenn es sich doch nur um alte Erinnerungen eines kleinen Jungen handelt – ohne genaue Zeitangabe und ohne Kennen des Namens einer wichtigen Person?

Ich versuch's einfach 'mal. Also mein Pappi, Theo Lehnen, war schon in den ersten Jahren nach dem Krieg als Stadtbau-Oberinspektor im Ruhrorter Rathaus tätig. Alles lag in Trümmern und die englischen Besatzer hatten Mühe, auch nur das Allernotwendigste retten zu lassen. Aber genau in dieser Zeit geschah etwas Unglaubliches: der für Duisburg zuständige Kommissar – ich hab' den Namen leider vergessen – zitierte meinen Pappi zu sich: »Lehnen, die Brückentürme müssen gerettet werden. Sorgen Sie dafür, dass die Dächer im Original wieder mit Kupfer gedeckt werden!« Mein Vater war fassungslos. »Kupfer, Sir? Wir haben kaum ein Stück Blech!« »Ich sagte Kupfer!«

Unten

Das Kupferdach des Turmes hat schon wieder Patina bekommen.

Ich selbst war damals gerade zwischen neun und elf Jahre alt und mein Pappi hat mich häufig nach der Schule mitgenommen und in die Brückentürme klettern lassen. Was ich da gesehen habe, vergesse ich natürlich nie: Alle Brückenteile lagen zerstört im Rheinwasser, die Häfen waren dicht, überall ragten Schiffswracks aus dem Wasser, kein einziges Schiff fuhr ... Nach etwa drei Wochen geschah dann das Wunder: Aus Portsmouth kommend wurden via Rotterdam und dann per

Oben
Seit Juli 1950 besteht die Städtepartnerschaft Duisburgs mit der an der englischen Südküste (nahe der Isle of Wight) gelegenen Hafenstadt Portsmouth in der Grafschaft Hampshire.

Zug große Kupferplatten nach Ruhrort gebracht!!! Mein Vater war jetzt erst richtig fassungslos. Er ließ dann sofort durch die Dachdeckerfirma Welsand vom Ruhrorter Markt die Türme eindecken. Sie strahlten weithin und jedermann war beeindruckt. Aber wer weiß heute schon noch, dass wir die Rettung unserer Türme einem Engländer zu verdanken haben?!

Natürlich hat mein Vater diese Geschichte oftmals erzählt. Und später, als sich die Kupferdächer längst von ihrem braunen Glanz in ein giftiges Grün gewandelt hatten, wurden meine Blicke immer noch magisch angezogen. Und auch während meiner 22 Dienstjahre als Rektor einer Ruhrorter Schule haben mich die Brückentürme nie losgelassen und immer fasziniert. Jetzt ist das »Wunder« fast 60 Jahre her. Ich wünsche mir so sehr, dass sich die geballte politische und wirtschaftliche Kraft Ruhrorts jetzt und in Zukunft um unsere Brückentürme kümmern wird.

Horst Lehnen

Mitte
Jochen Koop ist fasziniert vom Leben auf dem Fluss.

Jochen Koop – Schiffsführer aus Leidenschaft

Ein Leben auf dem Fluss

Mein Name ist Jochen Koop und ich bin 1948 in Hannover geboren worden. Mit 14 Jahren habe ich als Schiffsjunge bei einer Reederei in Hannover angeheuert. Während meiner Lehre bin ich auf Schleppschiffen auf den Kanälen Richtung Magdeburg und Berlin gefahren. An der Grenze zur DDR wurden wir immer sehr genau kontrolliert. Zuerst in Braunschweig durch den bundesdeutschen Zoll – dort haben wir uns quasi ins »feindliche Ausland« abgemeldet. In Buchhorst war die DDR Grenzstation.

Dort kamen vier bis sechs Mann an Bord und haben alles untersucht, wirklich alles. Auf der Fahrt in die DDR durften wir beispielsweise keine West-Zeitungen mitnehmen und auf der Fahrt

Unten
Im Sonnenuntergang zeigt sich ein harter Beruf von seiner romantischen Seite.

Oben
Einst ein beliebter Anziehungspunkt für Rheinschiffer, sind heute nur noch wenige Hafenkneipen zu finden.

zurück natürlich keine Flüchtlinge. In der Regel waren zwei Männer an Bord, der Schiffsführer und ein Matrose. Wir haben Kohle gefahren. Damals waren innerdeutsche Frachten noch subventioniert. Deshalb hat sich der Schiffsverkehr im Inland für die Eigner gelohnt. Ab 1994 sind die Frachtraten in den Keller gegangen, viele Schiffer konnten von den Einnahmen nicht mehr leben und mussten aufgeben.

Ami-Gut und Weinfässer

Nach der Lehre bin ich als Matrose auf Stückgutschiffen auf dem Rhein gefahren, zwischen Antwerpen, Rotterdam bis Straßburg, den Neckar 'rauf bis Heilbronn und Stuttgart und die Mosel entlang bis Trier. Wir haben alles transportiert, was verpackt war: Säcke mit Mehl, Teekisten, Weinfässer ... für die amerikanische Armee in Mannheim haben wir in Antwerpen so genanntes Ami-Gut geladen. Es gab verschlossene Ladungen – dann wurden die Ladeluken verplombt. Es gab aber auch unverschlossene Ladungen – gerne haben wir dann Weinfässer transportiert. Mit einem kleinen Bohrer haben wir die Fässer angebohrt, einen Eimer drunter gestellt und ein paar Liter abgezapft. Die Löcher wurden mit einem Streichholz verschlossen – bei 200-Liter-Fässern fiel das gar nicht auf. Wahrscheinlich haben sich die Empfänger gewundert, warum die Fässer innen aussahen wie Igel ...

Als Matrose hatte ich viele Aufgaben: Zum einen musste das Schiff in Ordnung gehalten werden, die Maschinen

Unten
Der Rheinpegel bei Hochwasser

musste ich warten, das Schiff los und festmachen, den Schiffsführer auf geraden Strecken ablösen.

Niemand fuhr an Ruhrort vorbei

In dieser Zeit habe ich Ruhrort kennen gelernt. Wenn man auf dem Rhein unterwegs war, fuhr man selten an Ruhrort vorbei. Hier steppte einfach der Bär, das wollte man sich nicht entgehen lassen! Man konnte einkaufen und traf Kollegen in den vielen Kneipen. Zum Ausgehen war Ruhrort super. Ich sage nur Tante Olga ... Ruhrort war für die Schiffer DER Kommunikationsmittelpunkt.

Viele Schifferkneipen wie Hotel Kuhl hatten Postfächer. Man konnte sich die Post hier hinschicken lassen und holte sie ab, wenn man 'mal wieder vor Anker ging. Die Reedereien hatten in Ruhrort ihre Büros – wenn man da etwas mit seinem Arbeitgeber klären musste, ging das nur in Ruhrort. Es gab in Ruhrort ein Schifferarbeitsamt, das Matrosen, Steuermänner, Schiffsführer vermittelte. Der Hafenmund war immer voller Boote. Heute ist das anders, kommuniziert wird über Computer und Telefone, es gibt auf den Booten Tiefkühltruhen und die Schiffer haben einfach weniger Zeit, um Pause zu machen, der finanzielle Druck ist höher. Naja, und es gibt hier kaum noch Kneipen für Schiffer. Das Hafengeld in Ruhrort ist hoch, die Schiffer liegen lieber auf offener Strecke und sparen so.

1969 habe ich in den Niederlanden geheiratet. Meine Frau ist zwei Jahre mit an Bord auf verschiedenen Schiffen gefahren. Mitte 1971 sind wir in Rotterdam dann an Land gegangen, haben eine Wohnung gekauft, unsere Tochter wurde geboren. Ich habe bei der Gemeinde Rotterdam gearbeitet, war als holländischer Beamter auf einem Schleppboot im Rotterdamer Hafen. Ab November 1972 fuhr ich dann als Steuermann bei der Reederei Haniel in Ruhrort auf der Franz Haniel 15 und 16. Während dieser Zeit habe ich mein

Oben
Wenn auch nicht mit der gleichen Betriebsamkeit wie vor 30 oder 40 Jahren, liegen hier doch wieder bedeutend mehr Schiffe vor Anker.

Unten
Der Vinckekanal mit Blick auf die Rheinorange und Homberg im Hintergrund

Oben
Ein modernes Containerschiff bei der Verladung der Fracht

Rheinschifferpatent gemacht und 1978 bei der Firma Lehnkering angefangen. Ein paar Jahre habe ich im Hafen Rotterdam gearbeitet, später bin ich wieder den Rhein auf und ab gefahren.

Am 18. Dezember 1993 musste ich in Heilbronn von Bord gehen – die letzte Schicht bei Lehnkering. Ich war zum ersten Mal arbeitslos. Die Binnenschifffahrt war in einer Krise, es gab immer weniger Jobs.

Mit dem eigenen Boot unterwegs sein

Mit der Abfindung konnte ich die Zeit der Arbeitslosigkeit erst 'mal genießen. Wir haben ein neues Auto gekauft und eine neue Segelyacht. Ich hatte schon seit längerem eine Yacht und wir sind in der Freizeit oft auf dem Ijsselmeer gefahren oder in Friesland auf den Flüssen. Ungebunden und frei ohne Ziel – das war sehr gut!

Lange habe ich es aber nicht ausgehalten ohne Arbeit. Bereits im November 1994 habe ich auf einem Hafenschubboot in Duisburg angeheuert. Zwei Jahre habe ich Hafendienst gemacht, danach bei der Firma Liewen begonnen, die Schubboote im Wasserbau eingesetzt hat. Ich war beim Kanalausbau in Oberhausen, Hannover und an der Mosel dabei.

1996 wurde ich geschieden und bin von Holland nach Ruhrort gezogen, habe hier ein Haus gekauft. Von 1998 bis 2008 bin ich auf einem Schubboot in den Duisburger Häfen und Kanälen gefahren, seit diesem Jahr arbeite ich im Rotterdamer Hafen. Das Leben auf dem Fluss hat mich immer schon fasziniert und begeistert – aber die Arbeits- und Lohnbedingungen werden nicht besser. Zwar sind die Schiffe gut zu bedienen, aber man kann nicht mehr soviel verdienen wie früher. In vier Jahren möchte ich in Rente gehen. Meine Lebensgefährtin und ich träumen von einem eigenen Haus- und Wohnboot, mit dem wir über die Flüsse und Kanäle fahren können – Richtung neue Bundesländer, Dänemark, Schweden, Ostsee, Südfrankreich, Holland. Ich würde meine Zelte in Ruhrort abbrechen, um wieder frei und ungebunden zu sein, nichts planen zu müssen und das Leben genießen zu können.

Ute Bopp

Franz Haniel – Zwischen Geschäfts- und Gemeinsinn

Oben
Franz Haniel – Erfolgreicher Geschäftsmann und Gönner der Stadt

Unten
Das Stammhaus der Familie Haniel: Hier erblickte Franz Haniel das Licht der Welt.

Industriepionier aus Ruhrort

Am 20. November 1779 wurde Franz Haniel als das jüngste Kind von Aletta und Jakob Wilhelm Haniel im Ruhrorter Packhaus geboren. Dieses Haus wurde 1756 als erstes Haus außerhalb der alten Ruhrorter Stadtmauer als Stammhaus der Familie Haniel errichtet. Nachdem sein Vater noch vor seinem dritten Geburtstag starb, kamen die maßgeblichen Impulse seiner Kindheit von seiner Mutter Aletta. Diese führte das Unternehmen »Jocob W. Haniels seel. Wittib« für Kolonialwarenhandel 26 Jahre lang erfolgreich und erweiterte es um Speditionsgeschäfte und den Kohlehandel.

Er besuchte in Ruhrort die Schule und lernte nach eigenen Angaben im Knabenalter von fünf bis zehn Jahren Lesen, Schreiben, Orthographie, Geografie, Französisch, Tanz, Flöte und Geige. Im Kontor erlernte er das Rechnen von seiner Mutter. Als Fünfzehnjähriger musste er während der französischen Revolution auf die Schule verzichten und im Kontor aushelfen. Ebenso wie sein Bruder Gerhard war er ab 1796 dort angestellt. Während einer Weiterbildung im Mainzer Handelshaus Weingärtner Sohn, vertiefte Franz Haniel sein schon in Ruhrort gewecktes Interesse an der Spedition. Auf Wunsch seiner Mutter beendete er im März 1799 die Ausbildung und kehrte nach Ruhrort zurück.

1806 heiratete Franz Haniel Friederike Christine Huyssen, die Tochter eines Essener Ratsherren. Gemeinsam mit seinen Schwägern Gottlob Jacobi und Heinrich Arnold Huyssen sowie seinem Bruder Gerhard gründete er im Jahre 1808 die Hüttengewerkschaft und Handlung »Jacobi, Haniel und Huyssen« in Sterkrade. Obwohl es im Vorfeld der Gründung zu schweren Spannungen kam, ging daraus später die »Gutehoffnungshütte« hervor. 1828 eröffnete Franz Haniel im Ruhrorter Hafen die erste Werft für den Bau von Dampfschiffen, von der 1830 der erste deutsche Rheindampfer vom Stapel lief.

Franz Haniel erhielt für seine Verdienste zahlreiche Ehrungen. Das Königshaus ernannte ihn 1845 zum

Kommerzienrat und 1856 zum geheimen Kommerzienrat.

Franz Haniel betrieb außerdem eine Reederei, eine Spedition und eine Kohlenhandlung. Zudem beteiligte er sich in der Zeit der Kontinentalsperre am äußerst lukrativen Getreideschmuggel nach England. 1866 feierte das Ehepaar Haniel die Diamantene Hochzeit. Sie hatten zehn Söhne und eine Tochter, wovon allerdings nur fünf Söhne und die Tochter ihre Eltern überlebten. Die Nachfolge des Unternehmens trat sein Sohn Hugo Haniel an. Nur wenige Monate nach dem Tod seiner Frau Friederike am 24. April 1868 starb Franz Haniel in seinem Geburtshaus in Ruhrort. Er wurde in dem Familiengrab Haniel auf dem Ruhrorter Friedhof Ecke Landwehr- und Hafenstraße beigesetzt. Die große Grabstätte wurde in Franz Haniels Todesjahr als Erbbegräbnis angekauft. Der Düsseldorfer Steinmetz Knobel fertigte nach Entwürfen des Berliner Dombaumeisters Karl Raschdorf einen monumentalen Granitsarkophag.

Die Kontinuität der unternehmerischen Tätigkeit von Haniel hat für die Entwicklung von Ruhrort bis in die heutige Zeit eine hohe Bedeutung. Das soziale Engagement von Haniel für den Stadtteil und seine Menschen spiegelt sich einst in Stiftungen wie dem ehemaligen Haniel Krankenstift nahe dem Karlsplatz und heute in der Unterstützung zahlreicher sozialer Projekte und Einrichtungen wie zum Beispiel der Initiative »FaiR – Familie in Ruhrort« wieder.

Der Franz-Haniel-Platz nimmt mit seiner Bebauung als größter zusammenhängender Komplex eine besondere Stellung im Stadtbild ein und schlägt damit die Brücke zwischen Geschichte und Gegenwart.

Oben
Typische Einrichtung des Großbürgertums nach 1877

Mitte
Das Schlafzimmer ist im Stil des Biedermeier (um 1835) eingerichtet und mit seiner Ausstattung und den Accessoires als Raum der Hausherrin Friederike Haniel gekennzeichnet.

Unten
Einblick in den Geschäftsalltag eines Kontors

Heute, nach über 250 Jahren Firmengeschichte, ist die Holding Franz Haniel & Cie. GmbH einer der weltweit führenden Konzerne in Handel und Dienstleistung.

Oben
Die parallel zum Vinckekanal verlaufende Straße ehrt den Künstler.

Mitte
Das »Rehlein« von August Kraus versteckt sich zwischen Rosen am Hanielhaus.

Bildhauer und Freund Heinrich Zilles

August Kraus

Der deutsche Bildhauer August Kraus, heute Namensgeber der Straße parallel zum Vinckekanal, wurde am 9. Juli 1868 in Ruhrort geboren und verbrachte seine Kindheit dort, bevor die Familie 1877 nach Baden-Baden umzog. Nach seinen Wanderjahren und dem Studium der Künste an der Berliner Akademie schloss er Freundschaft mit dem bekannten Grafiker Heinrich Zille. Als erster Vorsitzender der Bildhauervereinigung Berlin schuf er viele Standbilder aus der Geschichte Brandenburgs und Preußens, Arbeiten für die monumentale Siegesallee am Tiergarten. 1908 verschmähte seine Vaterstadt Ruhrort ein Geschenk, dessen Aufstellung aus sittlichen Gründen abgelehnt wurde. Für die Figur des »Männeken Pis« ließ Kraus seinen Sohn Modell stehen. Die Skulptur fand erst ab 1952 einen Platz im Zentrum der Stadt Duisburg. Den Ruhrortern selbst blieb bis heute nur das »Rehlein« auf dem Hanielgrundstück erhalten.

August Kraus starb am 8. Februar 1934 in Berlin.

Hermann Adam von Kamp

»Alles neu macht der Mai«

Unten
Gedenkstein für Hermann Adam von Kamp im Mülheimer Park »Witthausbusch«

Der deutsche Pädagoge, Schriftsteller und Liedtexter Hermann Adam von Kamp wurde am 15. September 1796 in Ruhrort geboren. Durch das Lied »Alles neu macht der Mai« gelangte er zu nachhaltigem Ruhm. In Mülheim an der Ruhr, wo Kamp von 1814 bis zu seinem Tod als Lehrer arbeitete, widmete ihm der Geschichtsverein einhundert Jahre nach Veröffentlichung des Liedes einen Gedenkstein.

Kamp starb am 26. November 1867 in Mülheim an der Ruhr.

Amalie Weidner-Steinhaus

Heimatdichterin der plattdeutschen Mundart

Sie gilt als Verfasserin zahlreicher Beiträge in rheinisch-fränkischer Mundart. Die Duisburger Heimatdichterin ist ebenfalls ein Kind Ruhrorts und wurde am 4. Januar 1876 als Elisabeth Steinhaus geboren. Nach der Hochzeit mit Gustav Adolf Weidner in Essen trug sie fortan den Doppelnamen Weidner-Steinhaus. Die beiden betrieben zeitweilig ein Geschäft für Konditoreibedarf. Sie beschäftigte sich intensiv mit der plattdeutschen Mundart und der Geschichte volkstümlicher Ausdrucksweisen der Ruhrregion.

Nach ihrem Tod am 3. Februar 1963 wurde sie in einem Ehrengrab auf dem Friedhof Eisenbahnstraße beigesetzt. Zu Ehren der Dichterin trägt der Park an der Hafenstraße seit 2008 ihren Namen.

Unten
Der Amalie Weidner-Steinhaus Park bietet schattige Plätzchen in der Nähe der Hafenstraße.

Von Ruhrort um die ganze Welt

Richard Hindorf

Richard Hindorf wurde am 17. November 1863 in Ruhrort geboren. Er studierte Landwirtschaft und Statistik in Halle und Berlin. Während seiner Zeit in vielen tropischen Ländern, unter anderem Neuguinea, Australien, Sumatra und Java veröffentlichte er zahlreiche Bücher über die Entwicklung wichtiger Kulturpflanzen. Ende des 19. Jahrhunderts hielt er sich in Namibia auf und galt dort als Pionier der Plantagenbewirtschaftung von Sisal. Unter anderem gilt Hindorf als Gründer des kolonialwirtschaftlichen Komitees und einer Kolonialschule in Witzenhausen.

Hindorf starb am 13. Mai 1954 in Berlin. Heute ist er Namensgeber des Platzes rund um die Brückentürme am Kopf der Friedrich-Ebert-Brücke.

Oben
Der Richard Hindorf Platz soll im Rahmen des Duisburger Masterplans in Zukunft wieder mehr Platzcharakter erhalten.

Unten
Der Pionier der Plantagenbewirtschaftung ist Namensgeber des Platzes am Fuß der Brückentürme.

Oben links
Der 1. Vorsitzende Mario Adams vor der Eröffnungsrede

Oben rechts
Oberbürgermeister Adolf Sauerland begrüßt die Anwesenden.

Unten links
Ein schwimmender Festsaal mit opulentem Buffet

Unten rechts
Ein gelungener Abend auf dem Rhein

stift abgerissen wird und in den Städtischen Kliniken am Kalkweg aufgeht, wird das schöne Sandportal des alten Hanielstifts vorsichtig demontiert und in die neue Klinik übernommen. Dem Einfluss des Ruhrorter Bürgervereins ist es zu verdanken, dass die Freifläche, die durch den Abriss des Hanielstifts entstand, nur zum Teil bebaut wird. Auf dem unbebaut gebliebenen Teil der Fläche ist der Luisenpark entstanden.
Als auf der Speditionsinsel gegenüber der Schifferbörse noch glühende Kohlenhalden gelagert wurden, setzt sich der Ruhrorter Bürgerverein dafür ein, dass Sprühanlagen die Halden feucht hielten und damit die Staubbelästigung der Anlieger minimiert wird. Ebenso hat sich der Bürgerverein zumindest teilweise erfolgreich gegen den vollständigen Abriss der evangelischen Kirche Sankt Jakobus gewandt und erreicht, dass das im Zweiten Weltkrieg zerstörte Dach des Turms nach altem Vorbild wieder aufgebaut wurde. Heute bildet der Kirchturm zusammen mit der katholischen Kirche Sankt Maximilian die unverwechselbare Silhouette Ruhrorts. Seit Anfang der 1990er Jahre gibt es – ganz im Sinne der Tradition – feste Veranstaltungen im Jahreskalender, die der Bürgerverein in Eigenregie veranstaltet. So findet seit 1993 der Ruhrorter Weihnachtsmarkt unter großer Beteiligung der Ruhrorter statt und auch der Neujahrsempfang, den es seit dieser Zeit gibt, erfreut sich großer Beliebtheit und regen Zuspruchs.

Die guten Beziehungen zu Politik und Verwaltung der Stadt Duisburg sind immer ein Anliegen des Bürgervereins und werden gepflegt, damit die Ruhrorter Interessen Beachtung finden.

Neben der Firma Haniel – die vor mehr als 20 Jahren den für Ruhrort wichtigen Entschluss gefasst und konsequent umgesetzt hat, den Sitz der Konzernzentrale in Ruhrort zu belas-

sen – haben in den letzten Jahren auch andere Investoren Ruhrort entdeckt. Die aufwändigen Sanierungen der Schifferbörse und des Tausendfensterhauses sowie die Neubauten der Firma Kaufland, des Medical Centers und des Office-Centers sind nur einige Beispiele dieser Entwicklung. Auf der anderen Seite wird hochwertiger neuer Wohnraum geschaffen, insbesondere an der Kruse-, Kraus- und Carpstraße. Das größte aktuelle Projekt ist die Neubebauung des Areals um den Eisenbahnhafen: Waterfront. Und die nächsten Ideen finden sich im gerade erst veröffentlichten Masterplan.

Oben
Die Beisitzerin Hanne Dünnwald engagiert sich für den Souvenirverkauf.

Seit dem Jahr 2008 gibt der Bürgerverein die Zeitschrift »Blickpunkt Ruhrort« heraus. Diese kostenlos erscheinende Zeitschrift mit Berichten über Ruhrort, seine Vereine, seine Geschichte und Geschichten erfreut sich großer Beliebtheit bei allen Ruhrorterinnen und Ruhrortern, so dass die in den Geschäften ausliegenden Exemplare immer recht schnell vergriffen sind. Die Auflage wurde kontinuierlich gesteigert und hat die 1000 inzwischen überschritten. Im Jahre 2008 kann der Ruhrorter Bürgerverein die erste Stadtteilpartnerschaft Deutschlands mit dem Sankt Pauli Bürgerverein von 1843 verkünden. Sowohl die Gründungsveranstaltung als auch die darauf folgenden wechselseitigen Besuche zeugen von dem beiderseits vorhandenen Interesse am jeweils anderen Hafen-Bürgerverein. Von dem Erfahrungsaustausch können beide Traditionsvereine profitieren, verfügen sie doch beide über eine langjährige Geschichte. In 2009 nehmen über 70 Ruhrorterinnen und Ruhrorter an dem Wochenendbesuch in Sankt Pauli teil und sind restlos begeistert.

Aufgrund der erfolgreichen Aktivitäten in den letzten Jahren wächst die Mitgliederzahl des Ruhrorter Bürgervereins stetig, aktuell sind es bereits über 300. Dies ist der beste Beweis dafür, dass der Vorstand offenbar seine Sache richtig macht und die Ruhrorter Bürgerinnen und Bürger hinter ihm stehen. Denn diesen Rückhalt braucht der Vorstand, um auch zukünftige Themen angehen zu können, wie beispielsweise die Lösung der Ruhrorter Verkehrsproblematik, die Beteiligung an der Umsetzung des Masterplans, der Erhaltung wichtiger kultureller Einrichtungen im Stadtteil, wie der Stadtteilbibliothek, um nur die brennendsten Themen zu nennen. Selbstverständlich fühlt sich der gesamte Vorstand weiterhin auch heute noch der Tradition und der Erhaltung der historischen Werte verpflichtet, wie schon die Gründer des Vereins vor 100 Jahren. Eben: Arbeit im Dienste der Heimat.

Ute Bopp und Dirk Grotstollen

Quellen:
Ruhrorter Zeitung vom 01.10.1910
Festschrift zum 50-jährigen Jubiläum
Rede zum 75-jährigen Bestehen von Dr. Ernst Brockhoff
Unterlagen aus dem Archiv des Ruhrorter Bürgervereins 1910 e.V.

Schifffahrt hautnah erleben

Sankt Nikolaus-Schifferverein Ruhrort von 1880 e.V.

Sankt Nikolaus, der Gabenspender der Kinder, der diesen die dunkle Jahreszeit versüßt, herabgewürdigt zum Weihnachtsmann mit rotem Mantel in der Getränkewerbung, hat in der Schifffahrt und dem religiösen Leben der Schifffahrtstreibenden einen wesentlich höheren Stellenwert, als den meisten Mitbürgern noch bekannt ist. Er ist nicht nur der Schutzpatron der Schiffer, sondern auch der Kaufleute – was in Ruhrort von besonderer Tragweite sein sollte.

Über 125 Jahre Sankt Nikolaus-Schifferverein Ruhrort – ein starkes Stück Tradition. Die Gründung des Sankt Nikolaus-Schiffervereins »La belle Alliance« im Jahre 1880 geschah in einer Zeit, die noch stark unter den Einflüssen eines bis zum äußersten entfesselten Kulturkampfes stand.

Diese Tatsache wird nicht zuletzt zu der Vereinsgründung auf konfessioneller Grundlage Veranlassung gegeben haben. Die Rheinschiffer betrachteten die Ruhrorter Kirche Sankt Maximilian von jeher als ihre Pfarrkirche. Hier wurde nach frommer alter Sitte von den katholischen Schiffern während der Winterliegezeiten immer ein Hochamt um den Segen für die Schifffahrt gehalten. Da lag es nahe, bei dem Barbier Stoffels in der Ruhrorter Altstadt eine Büchse für einen Obulus zur Ausschmückung dieses Gotteshauses aufzuhängen.

Unten
Die Gründungsmitglieder des Sankt Nikolaus-Schifferverein 1880 e.V.

Auf Anregung des damals Fahrenden, Gerardus Hulsman, wurde so der Verein »Schippersgenootschap La belle Alliance« »Soli Deo Gloria« im Januar 1880 gegründet. Der damalige Hochw. Pfarrer Dr. Rösen übernahm auf Wunsch der begeisterten Mitglieder den Vorsitz des jungen Vereins. Bei einem Eintrittsgeld von 42 Pfennigen plus einem Beitrag nach jeder Reise von 20 Pfennigen und aufgrund intensiver Werbung wuchs die Mitgliederzahl bis zum Ende des Jahres auf stolze 585 Personen. Gewiss eine Besonderheit war es, dass auch Frauen der Mitglieder gegen eine Zahlung von 6 Cent = 10 Pfennig durch den Schiffer der Genossenschaft beitreten konnten. Auf Wunsch des Vorsitzenden sollte die Schiffervereinigung einen eigenen Schutzpatron erhalten. Pfarrer Rösen schlug den heiligen Bischof Nikolaus vor, der Schutzpatron nicht nur der Seefahrer ist. Seine Statue wurde in der Kirche installiert.

Seit 1988 grüßt von der Spitze der Mühlenweide eine moderne Statue des Heiligen die vorbeiziehenden Schiffe. Angeregt wurde diese Stiftung von dem, leider inzwischen verstorbenen, Generalkonsul der Niederlande, Professor Dr. Gerd W. Hulsman, einem Nachkommen des Initiators der Genossenschaft, anlässlich seines 25-jährigen Dienstjubiläums bei der Ruhrorter Firma Haniel. Dank deren großzügiger Unterstützung und durch die finanzielle Mithilfe weiterer Spender ist das weithin sichtbare Denkmal von dem Bildhauer Wolf Spitzer, Speyer, geschaffen worden.

Die wechselvolle Geschichte zweier Weltkriege, aber auch die Änderung der Infrastruktur in der Binnenschifffahrt sollten einen dramatischen Rückgang der Mitgliederzahlen bewirken. Mit dem heutigen Tag zählt der Sankt Nikolaus-Schifferverein noch 69 Mitglieder. Gleichwohl ist zu bemerken, dass das Engagement für die Schifffahrtstreibenden, insbesondere in Verbindung mit der seelsorgerischen Fürsorge, bis heute das Hauptziel des Vereins ist. Wobei in der heutigen Zeit nicht nur Schifffahrtstreibende als Mitglieder willkommen sind. Seit 1969 leitet der 1. Vorsitzende Josef Kuhl maßgeblich die Geschicke des Vereins. In Zusammenarbeit mit dem Präses Pastor Werner Paquet, auch Generalpräses des Sankt Nikolaus-Schifferverbandes, und seinem Vorstand, Monika Dünnwald als 2. Vorsitzende, Rainer M. Floer (Kassierer), Johannes van den Berk (Schriftführer) und Winfried Fendel als Bezirksdelegiertem will Herr Kuhl sich für den Fortbestand des Sankt Nikolaus-Schiffervereins Ruhrort weiterhin stark machen.

Oben
Der Schutzpatron der Schiffer, der heilige Nikolaus im Hochwasser an der Mühlenweide

Unten
Die Gründungsfahne des Schiffervereins von 1912

Unten
Auch beim jährlichen Hafenfest ist der Sankt Nikolaus-Schifferverein vertreten.

Über das Jahr erfreuen sich die Mitglieder vielfacher Veranstaltungen: Die beliebten »Montagstreffs«, bei denen man sich in gemütlicher Runde austauschen kann, Schiffer-Wallfahrten sowie Teilnahme der Fahnenabordnung bei Festen befreundeter Schiffervereine, aber auch öffentlichen Veranstaltungen wie dem Ruhrorter Hafenfest. Einer der Höhepunkte in jedem Jahr ist der »Ball der Schifffahrt«. Dieses Ereignis wird gerne zum Anlass genommen, um sich mit anderen Fahrensleuten, auch aus den befreundeten Vereinen, zu treffen und einige gemütliche Stunden mit alten und neuen Freunden zu verbringen. Auch die jährlich stattfindende Arbeitsgemeinschaft der Schiffervereine aus dem Bezirk Niederrhein findet guten Zuspruch. Sie werden im Wechsel von den am Niederrhein beheimateten Vereinen durchgeführt. Ebenso beliebt sind die Ausflüge des Vereins, zu denen auch gerne Nichtmitglieder stoßen können. Interessante Ziele, wie Fahrten zum Schiffshebewerk Henrichenburg oder die jährliche Teilnahme an den Schifferwallfahrten im Mai in Kamp-Bornhofen und im Dezember in Assmannshausen oder der Besuch des Binnenschifffahrtsmuseums und Vereinsabende bieten eine willkommene Abwechslung im täglichen Einerlei. Das Wirken zum Wohle der Kameraden wird auch in Zukunft ein besonderes Anliegen des Sankt Nikolaus-Schifferverein Ruhrort von 1880 bleiben und alle Mitglieder, insbesondere aber der Vorstand, würden sich sehr freuen, auch wieder junge Fahrensleute und auch Schifffahrtsinteressierte in ihrem Kreis begrüßen und aufnehmen zu dürfen.

Allen Interessierten und der Schifffahrt Verbundenen entbieten wir den alten Schiffergruß: »Allzeit gute Fahrt – in Gottes Namen!«

Hanne Dünnwald

Ruhrorter Yachtclub e.V. – Maritimes Flair im alten Eisenbahnhafen

90 Jahre Bootssport in Ruhrort

Der ursprünglich am 20. Juli 1920 gegründete »Kanusport Ruhrort« wurde am 17. Januar 1924 der »Kanu-Segel-Club Duisburg-Ruhrort e.V.« Am 1. Januar 1929 erfolgte die Fusion mit dem »Ruhrorter Kanu-Verein« der bis dahin im Laarer »Luftball« beheimatet war. Im Jahr 1969 wurde der Verein in »Ruhrorter Yacht-Club e.V.« umbenannt.

Bootshaus und Steganlagen liegen im Eisenbahnbassin des größten Binnenhafens der Welt, am Rheinkilometer 781. Der Club war früher Mitglied des Deutschen Kanu-Verbandes, heute gehört er dem Deutschen Landes-Sportbund und dem Deutschen Motoryachtverband an. Er ist Stützpunkt der Kreuzerabteilung und des Deutschen Motoryachtverbandes. Im Jahre 1933 wurde Mitglied Paul Helmes Deutscher Meister im Kanu-Segeln und 1936 Paul Mismahl Vize-Europameister auf dem Duisburger Bertasee. Alten Unterlagen ist zu entnehmen, dass die Mitglieder bis zu 2700 Kilometer im Jahr paddelten. Selbst während des Krieges fuhren sie mit Güterzügen zum Oberrhein, um dann rheinabwärts zu paddeln. 1971 wurde der erste Schwimmsteg unterhalb des Club-Hauses eingeweiht und 1981 der zweite auf der gegenüberliegenden Seite des Eisenbahnbassins. So dass heute eine große Anzahl von Boxen zur Verfügung steht. Der Anschluss an das Stromnetz sowie die Aufnahme von Trinkwasser ist gewährleistet. Für Gäste besteht die Möglichkeit, gegen ein geringes Entgelt im Clubheim zu duschen oder zu waschen.

Die Teilnahme des Vereins an verschiedenen Ereignissen ist selbstverständlich. Schon seit den 1970er Jahren nehmen die Boote des Vereins an der alljährlichen Schiffsprozession an Fronleichnam teil.

Die Niederrhein-Regatta von Düsseldorf nach Emmerich wurde zu Pfingsten 1987 vom Ruhrorter Yachtclub ausgerichtet und auch heute macht sie jedes Jahr Halt im Eisenbahnbassin. Das Eintreffen der vielen Segelboote ist für alle Zuschauer ein besonderes Erlebnis. Auch das Ruhrorter Stadtteil- und Hafenfest bereichert der Verein jedes Jahr und bietet den Besuchern viele, nicht nur wasser-bezogene Attraktionen. Der Erlös aus den Einnahmen wird einer gemeinnützigen Einrichtung gespendet, wie zum Beispiel im vergangenen Jahr der Jugendhilfe.

Oben
Das Vereinslogo ganz im Stil des Ruhrorter Wappens

Mitte
Der Vereinsvorstand mit der Jugend an Bord

Unten
Die Vereinsräume des Ruhrorter Yachtclub e.V. sind idyllisch am Eisenbahnhafen gelegen.

Oben links
Das Vereinsheim vom Wasser aus gesehen

Oben rechts
Maritime Stimmung im Spätsommer – im Hintergrund entsteht das Projekt Waterfront.

Unten
Winterromantik – die Schiffe freuen sich auf die Saison.

Der Ruhrorter Yachtclub hat in seinem fast 90-jährigen Bestehen eine wechselvolle Geschichte durchgemacht. Die Zahlen der Mitglieder mit Boot sanken und es konnten die enorm gestiegenen Betriebskosten des Clubheims durch zuletzt 21 Vollmitglieder mit Boot nicht erwirtschaftet werden.

Dem seit acht Jahren bestehenden vierköpfigen Vorstand ist es gelungen, diese Schwierigkeiten zu meistern und den Club erfolgreich zu leiten.

Heute sind die Liegeplätze mit 35 Booten wieder voll belegt und die Warteliste ist voll. Das Clubheim ist an zwei Wochentagen, dienstags und freitags ab 18 Uhr geöffnet und man trifft sich zu einem gemütlichen Plausch, wobei Erfahrungen ausgetauscht werden. Auch Gäste sind jederzeit herzlich willkommen. Ebenso vermietet der Verein das Clubheim für Feierlichkeiten an Gäste.

Die Förderung des Nachwuchses steht ganz oben auf der Liste der Aufgaben des Vereins. So hatte im Mai 2009 eine Schulklasse Gelegenheit für drei Tage das Klassenzimmer mit dem Schlauchboot zu tauschen. Dabei konnten die Kinder den richtigen Umgang mit dem Schlauchboot lernen. Stolz überreichte der Vorstand drei Jugendlichen vom Club, die bei dieser Nachwuchsaktion erworbene A- und B-Lizenz zum Schlauchbootfahren.

Für die Zukunft sind wir sicher, weiterhin zu bestehen. Seit drei Jahren ist der Vorstand des Vereins im Gespräch mit der Duisport und Repro (Waterfront) bezüglich der Gestaltung des Eisenbahnbassins. Der Ruhrorter Yacht-Club hat im Gegensatz zu allen anderen ansässigen Betrieben keine Kündigung des Pachtgeländes erhalten. Die Planung einer Marina im Eisenbahnbassin befürworten wir, denn sie ist wesentlich sinnvoller und besser zu erreichen als die bereits bestehende in Duisburg. Der Ruhrorter Yacht-Club wird mit in die Planung integriert. Somit ist sein weiteres Bestehen gesichert und er wird weiterhin eine Bereicherung und fester Bestandteil von Ruhrort bleiben.

Bodo Antonin

Sankt Sebastianus-Schützenbruderschaft Duisburg-Ruhrort von 1519 e.V.

Die ältestes Schützengemeinschaft am Niederrhein

Die erste erhaltene Erwähnung der Sankt Sebastianus-Schützenbruderschaft Duisburg-Ruhrort findet sich im März 1519. Wie aus anderen Chroniken zu lesen ist, zählt die Ruhrorter Bruderschaft zu den Ältesten am Niederrhein. Sie setzt sich in der Gemeinde Sankt Maximilian und Ewaldi und darüber hinaus für ihre Ideale (Glaube, Sitte, Heimat) entschieden ein. So wird unter anderem alljährlich das Patronatsfest im Januar begangen und bei der Schiffprozession an Fronleichnam das Allerheiligste begleitet. In alter Tradition der Schützenvereine wird das jährliche Vogelschießen ausgerichtet, das immer mit einem Volksfest verbunden wird. Hier erfreuen sich Besucher und Mitstreiter an kulinarischen Köstlichkeiten und geselligem Beisammensein.

Die Bruderschaft ist eine Vereinigung christlicher Männer und Frauen. Die Mitglieder sollen am sportlichen Schießen des Vereins, des Bezirks, der Diözese und des Bundes teilnehmen. Wer drei Jahre Mitglied der Bruderschaft ist, kann sich auf dem Schützenfest um die Königs- oder Prinzenwürde bewerben. Nicht zuletzt tritt die Bruderschaft für ihre Mitglieder auch auf sozialem Gebiet ein. Die Sankt Sebastianus-Schützenbruderschaft trifft sich regelmäßig auf dem selbst gebauten Schießstand im Katholischen Kindergarten, Schifferheimstraße 2 in Duisburg-Ruhrort.

Die Kellerräume des Kindergartens hat uns die damalige Kirchengemeinde Sankt Maximilian zur Verfügung gestellt. Für die Schützenbruderschaft ist es eine Selbstverständlichkeit, die Außenanlage des Kindergartens in Stand zu halten. Dies gehört zu den sozialen Aufgaben der Bruderschaft.

Hier wird das sportliche Übungsschießen abgehalten, um bei den Rundenkämpfen bestehen zu können. Gleichzeitig werden die Kameradschaft und

Oben
Auf dem traditionellen Wappen zeigt sich das historische Kasteel von Ruhrort.

Unten
Die Bruderschaft auf einem Gruppenbild von 2009 mit neuen Uniformen

die Geselligkeit gepflegt. Jeweils am ersten Mittwoch im Monat findet das Monatsvogelschießen statt. Am Ende des Jahres wird das Jahresschießen abgehalten. Hier schießen alle Sieger des jeweiligen Monatsschießens.

Viel Geselligkeit herrscht am Ostermontag beim traditionellen Osterschießen. Neben dem Schießen beteiligt sich unsere Bruderschaft an den Veranstaltungen der Gemeinde Sankt Maximilian und Ewaldi. Hier insbesondere beim Gemeindefest im Gemeindegarten. Seit Jahrzehnten begleitet unsere Bruderschaft den Sankt Martins-Zug der Grundschule und des Kindergartens. Auch veranstaltet die Bruderschaft seit einigen Jahren an Christi Himmelfahrt auf dem Maximilianplatz eine so genannte Vatertagsfete. Zur jährlichen Grillfete in Pastors Garten sind alle BürgerInnen Ruhrorts herzlich eingeladen. Die Bruderschaft pflegt den Kontakt zu den benachbarten Bruderschaften und Bürgerschützenvereinen. Höhepunkt eines Schützenjahres ist das Schützenfest im Rahmen des Ruhrorter Hafenfestes. Seit Beginn des Hafenfestes sind wir ein fester Bestandteil des Arbeitskreises Ruhrorter Hafenfest. Hier präsentieren sich die Mitglieder des Vereins in ihrer traditionellen Tracht auf einem Festumzug.

Ein weiterer, traditionsreicher Höhepunkt ist das jährliche Bundesschützenfest. Hier treffen sich alle Schützenbruderschaften aus der gesamten Bundesrepublik Deutschland.

Ernst Wennemann

Oben links
Die Schützenkönigin 2009/2010: Ursula Stempel

Oben rechts
Geschäftsführender Vorstand, von links: 2. Brudermeister K. Heinz Rosenstengel, 1. Schriftführer Rüdiger Fuchs, Präses Pater Norbert Siwinski, 1. Brudermeister Ernst Wennemann

Unten
Schützenfest 2009 Jubilarehrung: Königin Birgit Lorse-Möller – für zehn Jahre Mitgliedschaft und Robert Kühnle – für 50 Jahre Mitgliedschaft

60 Jahre Ruhrorter Tönnekes-D'Ritter

1. Ruhrorter Karnevalsgesellschaft Weiß-Grün von 1950 e.V.

Oben
Der Tönnekes Orden des K.G. Weiss-Grün

Unten
Der Vorstand der K.G. Weiß-Grün, von links: Dieter Leusing (Schatzmeister), Kurt Hilgers (Präsident), Paul Schmitz (Geschäftsführer) und Rolf Abel (Vorsitzender)

Im Jahr 1950 beschloss eine Gruppe gestandener Geschäftsleute und Bürger am 19. Oktober kurz vor dem Hoppeditz-Erwachen am 11. im 11. des Jahres: »Es ist Zeit für Spaß an der Freud«. Die Gründungsmitglieder Paul Droste, Charly Ingendahl, Kurt Ziesche, Heinrich Sanderus, Jakob Gerling, Karl Becker, Ferdinand Deisel, Karl Uphoff, Hans Wagener – als Präsident –, Willi König, Ete Gehrmann, Michel Berchem, Hugo Velten, Ferdinand Fähndrich und Ferdinand Moll sind vielen alten Ruhrortern ein Begriff. Und etliche Dönekes um den einen oder anderen halten die Erinnerungen an sie bis heute wach.

Diese Männer also machten sich daran, den Karneval in Ruhrort zu etablieren. Dazu wurde eine Symbolfigur gesucht, die den Stadtteil und seine Geschichte darstellt. Der geniale Geistesblitz des Mitgründers Karl Uphoff war dieser: »Wir nehmen den Tönnekes-Drieter«. Ausgeführt wurde der Entwurf des Ordens von August Fries, früherer Zeichenlehrer der damaligen Kaiserin-Auguste-Victoria-Schule (heute Gesamtschule Ruhrort).

Um den Begriff Tönnekes-Drieter verständlich zu machen, muss ein Blick zurück in die Geschichte Ruhrorts getan werden. Die kleine Stadt Ruhrort verfügte aufgrund ihrer direkten Lage am Rhein über keine Kanalisation. Da aber Mensch und Tier natürliche Bedürfnisse haben, musste eine Lösung gefunden werden. Wie früher vielerorts üblich, wurde der Tierdung, aber auch alle Abwässer aus den Haushalten, einfach auf die Straßenmitte in eine schmale, abfallende Rinne gekippt. Je nach Wasserstand der Ruhr und des Rheins floss die Gülle dann ab. Oder auch nicht! Bei höheren Wasserständen stand die Jauche mitunter wochenlang in der Stadt. Eine Kanalisation anzulegen war jedoch mit technischen und finanziellen Problemen verbunden. Erleichterung fanden die Einwoh-

Oben
Der »Tonnenscheißer« hat in Ruhrort sogar ein eigenes Denkmal.

Unten
Beim Kostümball 2009 rokkoketieren »Moliere« und »Voltaire« – Die bunte Vielfalt der Kostüme war wieder einmal »grenzenlos«.

ner natürlich nicht im Rinnstein. In einer Hofecke oder wo auch immer wurde ein kleines Fass (Tönneken = mundartlich für Tonne) aufgestellt und fertig war die Toilette. War »dat Tönneken« voll, ging's – zur »Freude« der Schiffer – mit dem Inhalt ab in den Hafen.

Der Magistrat untersagte bei Strafe diese Unart und es wurde ein Fuhrunternehmen aus Dinslaken damit beauftragt, den Inhalt der Tönnekes wöchentlich abzuholen und in der Umgebung auf den Feldern zu verteilen. Dennoch landete so mancher Tönnekesinhalt nach wie vor bei Nacht und Nebel im Hafen. Gab es wohl auch damals schon Müllgebühren, die nicht gerne aufgebracht wurden? Um 1900 lagen sich die Ruhrorter und Meidericher Bürger dann auch noch wegen Eingemeindungsfragen in den Haaren. Die Ruhrschen schimpften die Meidericher »Meierksche Hähne« und diese revanchierten sich dafür mit »Ruhrorter Tönnekes-Drieter«. So kamen die Ruhrorter zu diesem wenig schmeichelhaften Namen.

Etliche Städte in Deutschland haben ihre Symbolfigur: Hamburg den »Hummel« und die »Zitronenjette«, die Kölner »Tünnes und Schäl«, Hameln den »Rattenfänger«. Was lag also näher

als den »Tönnekes-Drieter« für Ruhrort zu etablieren? Eine Ruhrorter Spottfigur, die die Borniertheit, Engstirnigkeit und den Standesdünkel verhöhnt. Und diese ebenso originelle wie charakteristische Figur ziert also seit 1950 einen der begehrtesten Orden Duisburgs: Den »Tönnekes-D'Ritter-Orden«, der nur an Persönlichkeiten verliehen wird, die sich um die kulturelle und heimatliche Brauchtumspflege, insbesondere unseres Hafenstadtteils, verdient gemacht haben. Im Jahr des 40. Jubiläums der Karnevalsgesellschaft gelang ein Schel-

Oben
Der Nachwuchs des K.G. Weiß-Grün beim Altweiber-Ball 2009

menstreich besonderer Art: Am Eingang der Ruhrorter Altstadt wurde dem »Tönn« endlich das verdiente Denkmal gesetzt und als Geschenk an den zu dieser Zeit amtierenden Oberbürgermeister Josef Krings überreicht. Mit der Aufstellung dieses Bronze-Reliefs, nach einem Entwurf von Leo Feltes, wurde Josef Krings zum Träger des größten »Tönnekes-D'Ri(e)tter-Ordens« der Welt. Initiatoren dieser Aktion waren Mathias Salger (Präsident der Gesellschaft von 1970 bis 1975) und Klaus Tosse (Senatspräsident von 1996 bis 1999) mit Unterstützung etlicher Ruhrorter Bürger und Freunde des Hafenstadtteils.

Möge der »Tönn« noch lang thronen und allen vor Augen halten: Gestern, heute und morgen – Ruhrort bleibt wie es ist – lebens- und liebenswert.

Hanne Dünnwald

Unten links
Zum 60-jährigen Bestehen ein besonders aufwändig gearbeiteter Jubiläumsorden

Unten rechts
Rosenmontag 2009: Getreu dem Motto »Wat soll et denn – et kömmt wie et kömmt« präsentierten sich die Tönnekes-D'Ritter mit Prunkwagen und einer starken Fußgruppe im Rosenmontagszug in der Duisburger Innenstadt.

Carl-Mandelartz-Bibliothek – Viel mehr als nur Bücher leihen

Eine wichtige Institution für Jung und Alt

Oben
Seit 1979 ist die Stadtteilbücherei im Ladenlokal auf der Amtsgerichtsstraße zu Hause.

Unten
Nicht nur bei Regenwetter ein beliebter Treff für Kinder

Das Fenster des kleinen Ladenlokals auf der Amtsgerichtsstraße ist mit Lebensdaten und Fotos des Namensgebers Carl Mandelartz dekoriert; er wäre in diesem Jahr 100 Jahre alt geworden. Am 15. März 1979 öffnete die Zweigstelle ihre Pforten auf der Amtsgerichtsstraße, nachdem die Räumlichkeiten auf der Bergiusstraße zu klein geworden waren. Im Inneren herrscht geschäftiges Treiben, Kinder geben CDs zurück, Erwachsene halten einen kleinen Plausch mit dem Personal oder suchen noch einen schönen Schmöker für das bevorstehende Wochenende aus. Die Auswahl ist groß, auf rund 190 Quadratmetern stehen den Lesern insgesamt 10 000 Medieneinheiten zur Verfügung.

Diese Einheiten gliedern sich ganz unterschiedlich, für jeden Geschmack ist etwas dabei. Es fängt an bei Bilder- und Jugendbüchern, geht über Romane, Biographien, Sachbücher, Bildbände, MCs, CDs, DVDs, Zeitschriften und Tageszeitungen. Auch Broschüren wie das VHS-Kursbuch, den Mietspiegel oder den beliebten Ratgeber »Älter werden in Duisburg« erhält man hier. Der DB-Fahrplan hängt ebenso großformatig aus wie die aktuelle Umweltzonen-Karte. Was an Literatur nicht vor Ort vorhanden ist, kann innerhalb von zwei Öffnungstagen kostenlos aus einer anderen Zweigstelle oder der Zentralbibliothek besorgt werden. Ein guter Service.

Die kleine Bücherei ist aber mehr als nur ein Ort, wo Bücher ausgeliehen werden können. Hier begegnen sich Menschen aller Altersklassen. Oft-

dung und Unterhaltung zu ermöglichen.

Erwähnenswert sind auch die zahlreichen Veranstaltungen, die in der Bücherei nach wie vor stattfinden. Im Laufe der Jahre hat sich in den Gästebüchern und Fotoalben so einiges angesammelt. Die Ausstellungen handelten immer von Ruhrort oder wurden von dessen Bürgern zusammengestellt. Im besten Falle sogar beides. Ausgestellt wurde schon so ziemlich alles: Aquarelle, Ölbilder, Specksteine, Kugelschreiber, Überraschungsei-er-Figuren, Fahnen, Seidenschals, Gläser und Glückwunschkarten, um nur ein paar Objekte zu nennen. Vielseitig eben und für jeden Geschmack, ganz wie das angebotene Medien-Sortiment selbst.

mals ist die Bibliothek Zwischenstopp auf dem Weg zum Markt oder zum Metzger. Schüler treffen sich zum gemeinsamen Lernen. Inzwischen steht für Recherchezwecke sogar ein PC mit Internetanschluss zur Verfügung. Stichwort Schüler – seit nunmehr zehn Jahren gibt es gemeinsame Aktionen mit der Gesamtschule Ruhrort. Kunstwerke werden ausgestellt und Klassenführungen gehalten. Letztere sind besonders wichtig, auch wenn das manchmal ein wenig Stress bedeutet, da auch der Zeitplan aller Ruhrorter Schulen eng gestrickt ist und die Veranstaltungen meistens leserfreundlich vor den offiziellen Öffnungszeiten stattfinden. Auch mit dem Ruhrorter Bürgerverein besteht seit vielen Jahren eine enge Kooperation. So sponserte der Verein auch in diesem Jahr wieder interessierten Erstklässlern den Jahresausweis, um ihnen einen guten Start in die Welt der Bil-

Oben
Der Leselöwe bietet Spaß und Unterhaltung.

Mitte
Bei zahlreichen Veranstaltungen wird die Bibliothek zum Ort der Begegnung.

Unten
Die Lesungen sind stets gut besucht.

Oben
Beim Büchertrödel macht das Stöbern Spaß.

Die langen Gespenster-Nächte mit Schulklassen sind wohl nicht nur den Schülern gut in Erinnerung geblieben. Wann hat man schon 'mal die Möglichkeit, nach 22 Uhr Gruselgeschichten in einer Bibliothek vorgelesen zu bekommen? Nicht mehr wegzudenken sind die Aktionen zum Ruhrorter Hafenfest, sei es Büchertrödel, Bastelstunde oder Leselöwe – die »Bücherwürmer« waren von Anfang an dabei. Ganz besonders freuen sich viele Leser bereits auf das traditionelle Weihnachtskonzert mit dem Blockflötenkreis. Einige Besucher reisen sogar extra aus anderen Stadtteilen an, um sich auf ganz besondere Art und Weise in weihnachtliche Stimmung versetzen zu lassen. Dank moderner Regale auf Rollen ist die kleine Bücherei diesem ganzen Trubel gewachsen und flexibel, was Raumaufteilung und Bestuhlung angeht.

Die langjährige Leiterin Frau Gottschalk wurde 2009 vielverdient in den Ruhestand entlassen und aktuell, in Zeiten der großen Sparmaßnahmen, hofft Ruhrort auf den Erhalt der Stadtteilbücherei, denn die Ruhrorter mögen die kleine Filiale.

Markus Bender

Blickpunkt Ruhrort – Das Magazin für den Hafenstadtteil

Seit Mai 2008 gibt der Bürgerverein regelmäßig die Zeitschrift »Blickpunkt Ruhrort« heraus. Alle drei Monate können sich Ruhrorter an den Berichten über den Stadtteil und dessen Einwohner erfreuen.

Das Magazin erfreut sich so großer Beliebtheit, dass die mittlerweile 1000 Exemplare schnell vergriffen sind. Das große ehrenamtliche Engagement des Redaktionsteams, bestehend aus Ute Bopp, Markus Bender und Hanne Dünnwald macht das Erscheinen des Magazins und die Vielfalt der Beiträge überhaupt erst möglich. Spannend, unterhaltsam und abwechslungsreich – das Magazin wie der Stadtteil. Wir freuen uns schon jetzt auf viele weitere interessante Geschichten und Anekdoten der kommenden Ausgaben und wünschen dem Team von Blickpunkt Ruhrort weiterhin frohes Schaffen und allen Lesern viel Vergnügen bei der Lektüre.

Pater Norbert – Ein moderner Ordensmann

Frischer Wind für Ruhrorts Glauben

Wer ist eigentlich dieser Pater Norbert? Seit 2009 leitet er die Kirchengemeinde Maximilian und Ewaldi in Ruhrort und Laar. Er hat ein kleines Büro in der Fabrikstraße und seine beiden Kirchen der Großgemeinde Sankt Michael in Meiderich sind ihm in Duisburg zu einem Zuhause geworden. Auf seiner Homepage (www.franorbert.de) zeigt sich jedoch schnell, dass der Ordensmann keineswegs fernab der modernen Realität lebt. Vielmehr zeigt er sich hier sehr persönlich und mit viel Humor. Neben seiner Tätigkeit als Pastor, Begleiter und Seelsorger sieht sich der Franziskaner auch als Fotograf, Eisenbahnfreund, Kanute, Dolmetscher und natürlich mittlerweile auch als Duisburger.

Oben
Der franziskanische Weg ist das Abenteuer von Pater Norbert.

Unten
Pater Norbert im schwarzen Habit der Franziskaner Minoriten

Nachdem er mit 19 Jahren ins Kloster eintrat, leitete er unter anderem eine Gemeinde im Sauerland und trägt nun im Alter von 31 Jahren die Verantwortung für zwei Kirchen. Jeder Franziskaner soll vor allem ein guter Mensch und Christ sein. Und gerade diese christliche Spiritualität basiert auf einer tief erlebten menschlichen Natur. Sie besteht darin, in den Menschen eine Sensibilität zu wecken, damit sie mit Jesus in Dialog und Beziehung treten und ihr Leben nach seinem Willen gestalten.

Seit 1997 ist dieser franziskanische Weg auch der Weg und das Abenteuer von Pater Norbert.

Kaum ein Heiliger fasziniert die Menschen so viele Jahrhunderte hindurch wie Franziskus von Assisi. Sein ganzes Leben hindurch suchte er nach dem richtigen Weg der Christus-Nachfolge. Vielleicht ist es gerade dies, was ihn auch für Menschen unserer Zeit so sympathisch macht. Wer einmal auf seine Spur gestoßen ist, den zieht er in seinen Bann – oder besser gesagt, zu Jesus Christus – denn nichts anderes hat Bruder Franziskus gelebt, als das Evangelium.

Vielleicht deswegen versuchen die Franziskaner so fröhliche Menschen zu sein.

So stehen der Glaube und die Seelsorge für Pater Norbert im Mittelpunkt seines Schaffens, doch Wassersport, Musik und Eisenbahn gehören zu seinen wichtigsten Hobbies. Schon immer war er Eisenbahnfan – alles, was auf Schienen fährt, war immer für ihn attraktiv, ansprechend und einladend. Züge, Straßenbahnen, Dampfloks, winzige Kleinbahnen und die ganze Bahninfrastruktur – war und ist seine Welt und eine große Leidenschaft.

Auch Musik spielt eine sehr wichtige Rolle in seinem Leben. »Viel hat sich natürlich in meinem Leben geändert, es gab verschiedene Zeiten und auch verschiedene Musikinterpreten, die mich fasziniert und inspiriert haben. Eins hat sich aber nicht geändert – gute Musik begleitet mich. Manchmal sind das die leisen Töne, die nur im Hintergrund stehen, manchmal ein leiser Wind, wie das Brausen des Meeres, ein andermal ist das etwas Gewaltiges, voller Gefühle und Inhalte«.

Darüber hinaus ist Pater Norbert ein begeisterter Kanu-Fahrer. Bei seinen Touren im Kanu, Kajak oder Faltboot begegnet er der Natur und deren Schönheit, »ich bin der Natur nah, ich spüre wie sie atmet, wie sie lebt«. Dort kann er die nötige Kraft und Ruhe für seinen Dienst und sein Leben sammeln.

Eigentlich war Pater Norbert nie ein wirklicher Stadtmensch, doch die Arbeit im Hafenstadtteil war eine Herausforderung, die er gerne annahm. So ist das Ruhrgebiet für ihn zur Heimat geworden.

Oben links
Musik ist Pater Norberts ständiger Begleiter.

Oben rechts
Pater Norbert liebt das Bahnfahren.

Unten links
Vom Fluss aus lässt sich die Natur 'mal anders erleben.

Unten rechts
Eine besondere Vorliebe hat der Pater für Vinyl – es klingt einfach besser.

Das Malteser-Stift »Sankt Nikolaus« – Mitten im Leben, das Alter genießen

Kompetent umsorgt und begleitet

Kinder- und Seniorenheime, Wohlfahrtsverbände, Vereine, die Kirchen, Schulen und Kindergärten – in Ruhrort gibt es viele Einrichtungen, die nicht nur für die Ruhrorterinnen und Ruhrorter wichtig sind, sondern ein weitaus größeres Einzugsgebiet haben.

Im Mai 2009 sind es schon drei Jahre, seit das Seniorenheim Sankt Nikolaus, das als eines von sechs ähnlichen Einrichtungen in Duisburg von den Maltesern betrieben wird, im Horstmann-Haus eröffnet wurde. Eines von sechs, aber trotzdem etwas ganz Besonderes: Nirgendwo sonst befinden sich ein Seniorenheim und ein Kindergarten unter einem Dach. Doch dazu später.

Tritt man von der Dr.-Hammacher-Straße durch die Tür, wähnt man sich gleich in einer Hotellobby. Es ist groß, hell und freundlich. Tageslicht fällt durch eine Deckenkuppel und ein offenes Treppenhaus herein. Der Blick wird von der Glasfront angezogen, durch die man über die Terrasse in den Amalie-Weidner-Steinhaus-Park schauen kann. Die vor den Fenstern gruppierten Tische des Restaurants sind im Moment leer, doch in der Mittagszeit findet man hier kaum freie Plätze – für die umliegenden Büros ist das kleine Restaurant ein beliebtes Mittagspausenziel. Schon hier wird deutlich, dass man sich nicht abschottet. Frau Schnüll, die Leiterin bestätigt das: »Unser Kerngeschäft ist natürlich die Pflege und Betreuung der alten und kranken Menschen, die nicht mehr alleine leben können. Dazu muss aber auch die Atmosphäre des Hauses und das Ambiente stimmen.« In dem Neubau, dessen Bauherr Haniel war, ist alles auf die Bedürfnisse seiner Bewohner abgestimmt. »Die Vorgaben

Oben
Der Eingang des Malteser Stiftes an der Dr.-Hammacher-Straße

Unten
Die großen Fenster zum Park hinaus durchfluten die Zimmer mit Licht.

Oben
Der Blick vom Park aus zeigt die Idylle der Umgebung.

Mitte
Die Leiterin des Malteser Stifts, Frau Schnüll

Unten
Die moderne Architektur des Neubaus ist ganz auf die Bedürfnisse der Bewohner abgestimmt.

der Heimaufsicht, die Vorgaben des Brandschutzes, unsere Vorstellungen – alles ist bestens umgesetzt worden.«

Neben dem Restaurant gibt es ein Friseurgeschäft, eine Kapelle und Konferenzräume, die man anmieten kann. In den drei oberen Etagen befinden sich die insgesamt 80 Plätze, davon 12 für Schlaganfallpatienten, 40 für Senioren (stationäre Pflege und Kurzzeitpflege) und der beschützte Bereich für Demenzkranke mit 28 Plätzen.

Hier sind Menschen mit Herzblut bei der Arbeit. Egal, ob im Verwaltungsbereich, an der Rezeption oder in der Haustechnik, das Wohl der Bewohner steht für alle immer an erster Stelle. Bevor ein älterer oder kranker Mensch ins Malteserstift Sankt Nikolaus einzieht, wird er zu Hause, im Krankenhaus oder in der Reha besucht. Man lernt einander kennen, bevor der neue Bewohner mit seinen persönlichen Dingen seinen Wohnsitz im Heim nimmt.

Pflegefachkräfte und Pflegeassistenten, Seelsorgerinnen, Sozialarbeiter, Altentherapeuten, Physio- und Ergotherapeuten – das Team im Malteserstift Sankt Nikolaus ist vielfältig und sehr gut aufeinander eingespielt. Insgesamt arbeiten rund 70 Mitarbeiterinnen und Mitarbeiter im Seniorenheim. Hinzu kommen noch 21 Ehrenamtler. Die Ehrenamtlichen machen Besuchsdienste bei den Bewohnern, lesen vor, gehen spazieren, spielen, organisieren Hol- und Bringdienste zur Kirche oder Ausflüge ... Sie sind für das Leben im Heim ganz wichtig, denn so kann für die Bewohner über die tägliche, normale Versorgung und die Therapie hinaus noch viel mehr angeboten werden.

Besonders erwähnenswert ist auch noch das Zusammenwirken mit der städtischen Kindertageseinrichtung Carpstraße. Die Kinder kommen zu jedem Geburtstag herüber und bringen ein Ständchen. Es gibt Spielevormittage, auch die Senioren gehen manchmal in den Kindergarten und spielen dort mit den Kleinen. Sankt Martin, Weihnachtsbaumschmücken. Es wird viel gemeinsam gemacht und das ist einfach toll. Die Kinder sind so unbefangen und fröhlich, das ist auch eine kleine Therapie gerade für die Demenzkranken. Im April 2010 wird es wieder ein besonderes Ständchen geben, dann wird die älteste Bewohnerin des Seniorenheims nämlich 101 Jahre alt. Im Malteserstift ist also immer etwas los. Während einige der Bewohnerinnen und Bewohner noch am Leben in Ruhrort teilnehmen können, 'mal zum Markt oder in die Kneipe gehen, genießen die anderen die vielen Aktivitäten: Tanztee, Bingo, Singkreise, kreatives Gestalten, Zeitungsrunde, Ausflüge sowie kulturelle Angebote vielfältigster Art.

Eine weitere Besonderheit zum Schluss noch: der Snoezelen-Raum, der Raum der Sinne. Hier werden über entspannendes Licht, angenehme Gerüche, einem Wasserbett und harmonische Musik alle Sinne angeregt, Erholung und Entspannung für die Bewohner sind garantiert. Diesen Raum hätte ich gerne 'mal ausprobiert ...

Ute Bopp

Oben
Besonders aus der Luft offenbart sich die grüne Lage.

Jugendschiff Mienchen – Altes Mienensuchboot in besonderem Einsatz

Der Ruhrorter Verein »Offene Jugendarbeit Ruhrort e.V.« betreibt das Jugendschiff Mienchen. Auf dem umgebauten alten Mienensuchboot finden Bastelkurse, Krabbelgruppen und Jugenddiscos statt.

Die Initiative besteht aus Ruhrorter Eltern und ehrenamtlichen Helfern, die Kindern die Möglichkeit geben wollen, hier zu spielen und sich 'mal richtig auszutoben.

Die fleißigen Helfer halten das Jugendschiff Mienchen dabei stets im richtigen Fahrwasser. Kinder und Jugendliche haben so nun abseits von Computer, Playstation und Co. eine Möglichkeit sich zu beschäftigen und spielerisch Neues zu lernen. Darüber hinaus ist das Mienchen ein beliebter Ort für Kindergeburtstage.

FaiR – Familie in Ruhrort

Erfahrungsaustausch und Freizeitgestaltung

»Wir wollen Ruhrort lebendig und bunt!«
Ein Kinderwunsch, der sich durchaus erfüllen lässt, denn es gibt hier bereits einige Möglichkeiten zur kreativen Freizeitgestaltung. Um die Angebote in diesem Duisburger Stadtteil zu koordinieren und bei den Familien bekannt zu machen, haben sich Mitglieder verschiedener Institutionen und Vereine an einen Tisch gesetzt und die Initiative »FaiR – Familie in Ruhrort« gegründet. Sie dient den Mitgliedern zum Austausch von Erfahrungen und hilft bei der Bewältigung gemeinsamer Probleme. Diese Bündelung der Kräfte soll den Ruhrorter Familien zugute kommen. Ob es darum geht, Leute zu treffen, Alltagsprobleme zu lösen, Hausaufgaben zu machen, zu basteln, zu musizieren oder sich einfach 'mal richtig auszupowern: Bei den Angeboten der FaiR-Mitglieder findet sich garantiert für jeden etwas.

Oben
Katarina, Josephine und Daniela zeigen sich bunt.

Unten
Die Nikolausburg – Standort des Caritasverbandes und der Ruhrorter Hafenkids

Hier ein Überblick über das vielfältige Angebot

Der Caritasverband Duisburg e.V. unterhält in Ruhrort drei Einrichtungen in der Nikolausburg: das Schifferkinderheim, das Suchthilfezentrum und das Betreute Wohnen.

Die evangelische Kirchengemeinde Ruhrort-Beeck bietet neben Treffen im Gemeindezentrum auf der Dr.-Hammacher-Straße auch über das Jugendforum Duisburg einen Jugendbus in der Nähe der Skaterrampe an.

Alle Schulabschlüsse bis zum Abitur ermöglicht die Gesamtschule Ruhrort, stets darauf bedacht, den Schülern den Übergang von der Grundschule zur weiterführenden Schule zu erleichtern. »Immersatt« lädt Grundschulkinder ein, nach der Schule in den Räumlichkeiten auf der Landwehrstraße ein warmes Mittagessen, Hausaufgabenbetreuung, Nachhilfe und Sprachförderung zu bekommen.

Workshops, Spielen, Basteln, Discoabende und vieles mehr bietet das Jugendschiff Mienchen des Vereins Offene Jugendarbeit Ruhrort.

Auch die Katholische Kirchengemeinde Sankt Maximilian und Ewaldi Duisburg-Ruhrort-Laar ist ein Treffpunkt für Jung und Alt. Das Mütterzentrum auf der Dr.-Hammacher-Straße ist eine Anlaufstelle für Frauen jeden Alters und will Hilfe zur Selbsthilfe geben.

Der Ruhrorter Bürgerverein 1910 e.V. versteht sich als Mittler zwischen Bürgern, Wirtschaft, Stadtverwaltung und Politik. Sein Motto lautet: »Für ein liebens- und lebenswertes Ruhrort!«

Anfang 2009 wurde in der Nikolausburg das Jugendzentrum Ruhrorter Hafenkids gegründet. Es bietet Kindern und Jugendlichen aus Ruhrort und Umgebung alternative Freizeitgestaltung mit Spaß, Unterhaltung und kreativem Spiel. Als neuestes Mitglied ist die Christengemeinde Duisburg e.V. mit im Boot. Auf der Landwehrstraße gibt es Familiennachmittage, Jugendarbeit und Kinderprogramme.

Neben den täglichen Herausforderungen engagiert sich FaiR in diesem Jahr auch für die Local Heroes-Woche, die vom 23. bis 30. Mai im Rahmen der Kulturhauptstadt Ruhr.2010 in Duisburg stattfindet. Während dieser Woche bieten die Mitglieder der Initiative besonders für Familien und junge Menschen ein buntes Sonderveranstaltungs-Programm. Ob kreatives Fotografieren, Basteln, Malen und Musizieren, ob spannende Verfolgungsjagden oder ein turbulentes Mittelalterfest: So vielfältig die Ruhrorter sind, so bunt ist auch hier das Angebot. Im Rahmenprogramm der Local Heroes-Woche und Duisburger Akzente findet man hierzu die Einzelheiten.

Petra Gidaszewski

Oben
Das Jugendschiff Mienchen ist hier beim Hafenfest besonders bunt geschmückt.

Mitte
Die Kletterwand in der Gesamtschule Ruhrort bietet die Möglichkeit 'mal ganz hoch hinaus zu kommen.

Unten links
Das Piratenwochenende auf dem Mienchen – kreative Freizeitgestaltung der spannenden Art

Unten rechts
Dank des Engagements der Initiative FaiR ist Ruhrort bunter geworden.

Oben
Der Vorstand des Fördervereins, von links: Dirk Grotstollen, Anja Lemmen, Sven Lars Kludig, Klaus Grospietsch

entwickeln ihre Persönlichkeit, ihr Sozialverhalten und machen ihre ersten Erfahrungen im musischen Bereich. Wir Erwachsenen helfen unseren Kindern dabei, die Entwicklungsschritte in die richtige Richtung zu machen. Außerhalb der Schule ist es in der Regel die Familie, in der Schule übernehmen die Lehrer diese Rolle. Deshalb ist es ganz besonders wichtig, dass sich die Kinder gerade in der Grundschule gut aufgehoben fühlen. Anderenfalls werden sie nur widerwillig die Grundschule und später auch die weiterführende Schule besuchen. Damit das trotz immer leerer werdender Kassen gelingt, gibt es inzwischen an fast jeder Grundschule einen Förderverein. So auch an unserer Ruhrorter Grundschule. Der Förderverein der Grundschule Ruhrort e.V. besteht aus zur Zeit rund 70 Mitgliedern. Das sind natürlich in erster Linie die Eltern der Schulkinder.

Aber der Verein kann auch zahlreiche ehemalige Eltern und Schüler zu seinen Mitgliedern zählen wie auch aktive und ehemalige Lehrer, die die Grundschule in Ruhrort unterstützen. Dabei ist der Jahresbeitrag mit 8 Euro für natürliche Personen recht niedrig angesetzt. Firmen zahlen 15 Euro. Neben diesen Beiträgen erzielt der Verein Einnahmen aus verschiedenen Veranstaltungen, die in der Grundschule stattfinden, etwa bei Schulfesten oder der Projektwoche. Die Einnahmen stammen dann aus dem Verkauf von gespendeten Kuchen und Getränken an die Besucher. Natürlich ist der Verein auch auf Spenden angewiesen. Jede Spende ist herzlich willkommen, sei es nun in Form von Sach- oder Geldspenden.

Aufgrund dieser Einnahmen, die ab und zu auch aus größeren Spendenbeträgen bestehen, können zahlreiche Projekte unterstützt werden. So konnten Materialien für den Sachunterricht und für die Projektwoche angeschafft werden. Zahlreiche Sport- und Spielgeräte wurden in den letzten Jahren angeschafft und viele Arbeitsgemeinschaften mit externen Lehrern konnten ermöglicht werden.

Ein besonderes Ereignis ist jedes Jahr der Sankt Martin-Zug, den der Förderverein Dank der zum Teil großzügigen Hilfe der in Ruhrort ansässigen Firmen immer wieder mit einer Musikgruppe, einem echten Pferd mit Sankt Martin und kleinen gesunden Geschenken für die Grundschüler bestücken kann. Schon viele Jahre lang arbeitet der Vorstand mit der Schulleitung, den Lehrern und den Elternpflegschaftsvertretern gut zusammen.

Immer häufiger fehlt der Stadt das Geld, um neue Sport- und Spielgeräte anzuschaffen oder besondere Lehr- und Lernangebote zu ermöglichen. Natürlich ist der Förderverein auch dazu da, um finanziell schwachen Familien bei der Finanzierung von Schullandheimaufenthalten der Kinder unter die Arme zu greifen. Hier will der Förderverein helfend zur Seite stehen, um möglichst allen Kindern eine angenehme Zeit in der Grundschule zu ermöglichen. Auf dass sie immer gerne an diese ersten Schuljahre zurückdenken!

Dirk Grotstollen

Oben
Sobald die Schule aus ist, ist Zeit zum Spielen.

Mitte
Rund 70 Mitglieder unterstützen den Förderverein Grundschule e.V. mit ihrem Engagement.

Unten
Unmittelbar am Eisenbahnhafen liegt das historische Gebäude von 1894.

Franz Haniel & Cie. GmbH

Erfolg im Weltmarkt – Herz in Ruhrort

Gewürze, Kaffee, Tabak: Mit dem Handel dieser Kolonialwaren begann im Jahr 1756 die Geschichte des Unternehmens Haniel in Ruhrort. Später wird das Geschäft um Kohlenhandel und Logistik erweitert – und schließlich baut es Franz Haniel, Enkel des Unternehmensgründers, zu einem der erfolgreichsten Industriekonzerne im Ruhrgebiet aus. Seinen Namen trägt das Unternehmen noch heute, doch die Geschäftsfelder haben sich völlig verändert. Haniel ist heute ein international agierender Handels- und Dienstleistungskonzern. Zum Erfolg des Konzerns tragen rund 50 000 Mitarbeiter in mehr als 30 Ländern bei.

Oben
Jacob W. Haniel übernimmt das Geschäft vom verstorbenen Schwiegervater Noot und gliedert Weinhandel an.

Beginn an Rhein und Ruhr

Ein Lagerhaus als Keimzelle
für Spedition und Handel – 1756 bis 1804
Ein Lagergeschäft im kleinen Ruhrort machte 1756 den Anfang: Jan Willem Noot bot Kaufleuten aus dem Umland in seinem Packhaus große Speicherflächen für Kolonialwaren aus Holland an. Sein Schwiegersohn Jacob W. Haniel und seine Tochter Aletta begannen mit Wein zu handeln und allgemeine Spedition zu betreiben. Sie erweiterten den bis dahin vorherrschenden Warenfluss von West nach Ost um neue Richtungen. Seit den 1780er Jahren brachte Haniel zunehmend Erzeugnisse des Ruhrgebiets in den Westen und Süden. Dazu gehörte auch die Spedition von Eisen und Stahl. Aletta Haniel führte die Geschäfte nach dem Tod ihres Mannes weiter, zunächst allein, dann mit ihren Söhnen.

Unten
Nach Jacob W. Haniels Tod führt seine Witwe Aletta die Handlung weiter.

In den revolutionären Zeiten am Ende des 18. Jahrhunderts nutzte Haniel ideenreich die sich bietenden Chancen und erweiterte das Geschäft um Kohlenhandel und Postdienste.

Der jüngste Sohn von Aletta und Jacob W. Haniel entwickelte sich zur treibenden Kraft des Unternehmens: Franz Haniel. Anfang des 19. Jahrhunderts verdoppelte sich die Zahl der Unternehmen Haniels. Zu Aletta Haniels Hauptgeschäft im Ruhrorter Packhaus und zum Speditionshandel von Alettas ältestem Sohn Wilhelm in Duisburg kamen die Firmen Gerhard Haniel und Franz Haniel in Ruhrort hinzu. Die Brüder gründeten jeweils eine eigene Kohlenhandlung. Franz Haniel legte jetzt Wert auf Unabhängigkeit.

Geschäfte unter Dampf

Die Haniels nutzen die Chancen der Industrialisierung – 1805 bis 1829

Zu Beginn des neuen Jahrhunderts etablierten sich die Brüder Haniel im Kohlenhandel und in der Schifffahrt. Dann nahmen sie neue Aktivitäten ins Visier: Sie investierten in Eisenhütten an der Emscher, zu denen bereits geschäftliche Beziehungen bestanden. Die Gelegenheit war günstig. Alle drei Hütten lagen infolge politischer Veränderungen auf preußischem Boden. Hüttendirektor und Miteigentümer Gottlob Jacobi gehörte zur Verwandtschaft. Und Franz Haniel stellte in einer betriebswirtschaftlichen Analyse fest, dass der Hüttenbetrieb lukrativ sein müsste. Zudem war er fasziniert von Technik. So entstand 1808 die Hüttengewerkschaft und Handlung Jacobi, Haniel & Huyssen, Vorläuferin der Gutehoffnungshütte AG in Oberhausen.

Oben
Gerhard Haniel (1774 bis 1834)

Mitte
Franz Haniel (1779 bis 1868)

Unten
1808: Erwerb der Eisenhütte »Gute Hoffnung« und Gründung der »Hüttengewerkschaft und Handlung Jacobi, Haniel & Huyssen« (JHH), Oberhausen

Dies war der bisher wichtigste Schritt, den die Haniels wagten: Aus Händlern wurden Industrielle. Auch im neuen Umfeld zeigte sich Franz Haniel als strategisch führender Kopf. Vorbilder für technische Innovationen fand er in England, die Dampfmaschine wurde das Maß der Dinge. In den politisch unsicheren Zeiten der napoleonischen Ära und während der Neuordnung Europas nach dem Wiener Kongress

Oben
Schwestern und verwundete Soldaten in Haniels Krankenstiftung, um 1917

1815 zeigte sich Franz Haniel kreativ und beweglich: Bei stockendem Kohlen- und Eisengeschäft entdeckte er die Pflanzenölproduktion und das Holzgeschäft mit England. Mit den Gewinnen konnte er nicht nur anderweitige Verluste kompensieren, sondern auch den Aufbau der Industrie vorantreiben. Mit dem Kauf von Zechen schaffte er sich die Rohstoffbasis für den Kohlenhandel und die Produktion von Hochofenkoks.

Bergbau und Bürgertum

Franz Haniels Einsatz für Geschäft und Gesellschaft – 1830 bis 1868
Franz Haniel beherrschte die Kunst, sich geschickt sich verändernden Bedingungen anzupassen. Zuerst der Handel mit Waren aller Art, dann der Einstieg in die Produktion: Er gab dem Unternehmen eine neue strategische Richtung.

In der Eisenindustrie verknüpfte er die Produktion mit vielfältigen vor- und nachgelagerten Aktivitäten. Dazu gehörten die Gewinnung der Rohmaterialien (Kohle, Erz), Maschinenbau, Logistik (Schifffahrt) und Handel – eine Wertschöpfungskette, in der kein Element fehlte. Auch privat engagierte sich Franz Haniel in vorbildlicher Weise. Geschäftssinn war für ihn untrennbar mit Gemeinsinn verbunden. So setzte er sich aktiv für das Wohl der Menschen in seiner nächsten Umgebung ein.

Franz Haniel realisierte die ersten Sozialleistungen der JHH nicht nur, weil sie wirtschaftlich und sozialpolitisch sinnvoll waren. Sondern vor allem, weil sie einer ethisch-religiösen Haltung entsprachen, die in seiner Familie tief verwurzelt war. Die Haniels pflegten vielschichtige persönliche Verbindungen zu anderen Unternehmerfamilien. Diese Beziehungen entstanden nicht nur durch gemeinsame Geschäfte, sondern auch durch arrangierte Ehen.

Das Erbe

Die Nachkommen zwischen Bewahren und Erneuern – 1869 bis 1916
Franz Haniel hatte das Familienunternehmen auf vielen Ebenen ausgebaut. Als er 1868 starb, gab es Geschäftsaktivitäten in Industrie, Bergbau, Handel und Schifffahrt. Durch geschickte Unternehmens- und Familienpolitik existierte ein weit verzweigtes Netzwerk, das die Erben in der Nachfolge nutzen konnten. Trotz Gründerkrise führten sie das Unternehmen erfolgreich ins 20. Jahrhundert.

Ihre Aufgabe war es, die vorhandenen Geschäftszweige auszubauen und zu festigen. Dabei waren die Nachfahren Haniels gefordert, neue Strukturen zu finden. Das starke Wachstum von Unternehmen und Teilhaberkreis und der industrielle Fortschritt führten schließlich dazu, dass die Hüttengewerkschaft Jacobi, Haniel & Huyssen zur Aktiengesellschaft wurde. Um Preiskampf und Konkurrenzdruck zu vermeiden, tritt Haniel dem neu gegründeten Rheinisch-Westfälischen Kohlen-Syndikat bei.

So entstand der Gutehoffnungshütte, Actienverein. Die Ruhrorter Firma

Unten
1839: JHH baut die erste Lokomotive des Ruhrgebietes.

Franz Haniel wurde eine offene Handelsgesellschaft. Neue Geschäftsfelder kamen hinzu. Haniel beteiligte sich an Chemiewerken und dehnte das Reedereigeschäft auf die Seeschifffahrt aus. Verstärkt drang man auf's internationale Parkett. Zunehmender Konkurrenzdruck und Absatzkrisen um die Jahrhundertwende verlangten neue Lösungen. Haniel beteiligte sich an Kartellen und Syndikaten, ging Fusionen ein und investierte in technische Innovationen. So konnte das Unternehmen – trotz Krisen – seine Leistung kontinuierlich steigern. Gleichzeitig führten die Erben das gesellschaftliche und soziale Engagement fort.

Bewährung in Krieg und Krisen

Mit neuer Struktur durch schwierige Zeiten – 1917 bis 1945

Mitten im Ersten Weltkrieg wurden die Weichen neu gestellt. Es entstand das Unternehmen Franz Haniel & Cie. GmbH (FHC). Gesellschafter waren die Industrie- und Bergbaugesellschaften, der Schwerpunkt lag auf Handels- und Transportinteressen. Die eigenen Handelsaktivitäten erhöhten die Vermarktungschancen für die Produkte aus den Zechen und der GHH im Rahmen des seit langem bestehenden Kohlen-Syndikats.

Gleichzeitig wurde eine Struktur im Unternehmen geschaffen, die bis heute die Corporate Governance Haniels bestimmt: die Trennung von Familie und Management. Generaldirektor wurde erstmals ein angestellter Manager. Trotz schwieriger politischer Lage konnte das Unternehmen neue Geschäftsfelder erschließen: Düngemittel-, Eisen- und Grubenholzhandel ergänzten Kohlenschifffahrt und Kohlenhandel, die nach wie vor die tragenden Säulen des Unternehmens waren. In diesen Kerngeschäften erlangte Haniel Ende der 1920er Jahre eine Spitzenposition in Westeuropa.

Das erfolgreiche Zusammenspiel von Fremdmanagement mit der Familie Haniel war für den Unternehmenserfolg entscheidend. Und die wichtigste Voraussetzung, um die anstehenden schwierigen Aufgaben zu bewältigen. Davon gab es in diesen politisch wirren Zeiten genug: Ruhrbesetzung, Hyperinflation und der heraufziehende Nationalsozialismus.

Dem Dritten Reich stand Haniel skeptisch bis ablehnend gegenüber. Dennoch nützte die Brennstoffversorgung

Oben
Franz Haniel mit vier Enkeln: Max Haniel, Caroline Liebrecht, geb. Haniel, Franz Haniel, Adeline Böninger, geb. Haniel (v.l.)

Mitte
Schraubenboot Franz Haniel III auf dem Rhein bei Kaub, um 1920

Unten
Zeche Neumühl

Tochtergesellschaften brachen ab. Die so genannte »Stunde null« ließ nicht erahnen, ob das Unternehmen weiter existieren würde.

Aufbau und Umbau

Wachstum mit neuen Geschäften – 1945 bis 1960

Mit dem Ende des Zweiten Weltkriegs begann für die Franz Haniel & Cie. GmbH (FHC) der Kampf um's Überleben. Wie sollte es weitergehen? Gerade in dieser Zeit erwies sich die Fähigkeit, beweglich zu sein und mit veränderten Rahmenbedingungen zurechtzukommen, als entscheidend. Einerseits knüpfte das Unternehmen an alte Verbindungen an und baute die Flotte und den Kohlenhandel wieder auf. Energieversorgung gehörte schließlich zu den wichtigsten Aufgaben der Nachkriegsjahre. Andererseits erkannte Haniel, was in den Aufbaujahren notwendig sein würde und wandte sich neuen Feldern wie dem Baustoffhandel zu. In den 1950er Jahren nahm FHC den Mineralölhandel auf. Im operativen Geschäft gab es noch Handlungsspielräume, in anderer Hinsicht aber herrschten Zwänge: Die von den Alliierten durchgeführte Entflechtung betraf nicht nur die Struktur der Montanindustrie selbst, sondern auch deren Verhältnis zur Firma Haniel. So gingen die Anteile der Gutehoff-

auch dem Regime. Das gilt besonders für das seit 1936 aus Kohle gewonnene Benzin der Rheinpreussen GmbH. Gerade im Krieg half es, vom Ausland unabhängig zu bleiben. Auf Grund der vielen vom Militär eingezogenen Arbeiter konnten die Haniel'sche Industrie und der Bergbau nicht auf Fremd- und Zwangsarbeiter verzichten. Bei Franz Haniel in Duisburg war es dagegen kaum möglich, den Verlust der Mitarbeiter zu ersetzen. Der Zweite Weltkrieg zerstörte Haniels europaweites Vertriebsnetz für Brennstoffe, Düngemittel und Eisen.

Die Schiffsflotte wurde fast vollständig vernichtet. Alle Verbindungen zu den

Oben
Versenkte und beschädigte Schiffe im Duisburger Hafen, um 1945

Unten
Bombenschäden an der Haniel'schen Hauptverwaltung in Ruhrort nach dem Angriff vom 20. Dezember 1942

nungshütte an der FHC auf eine eigens dafür gegründete Auffanggesellschaft über.

Noch wichtiger aber war, dass Anfang der 1950er Jahre Mitglieder der Familie Haniel selbst zu Anteilseignern bei der FHC wurden. Ende der 1950er Jahre veränderte sich die Gesellschafterstruktur abermals: Auch die in der Auffanggesellschaft gehaltenen Besitzanteile der Gutehoffnungshütte an der FHC wurden direkt auf die Familienmitglieder übertragen. Damit war die Familie alleinige Eigentümerin.

Perspektivenwechsel

Abschied von der Montanindustrie und Entwicklung zur Führungsholding – 1961 bis 1980

Die Franz Haniel & Cie. GmbH (FHC) blieb wandlungsfähig. Der Verkauf von Tankstellen brachte der Firma eine solide Kapitalbasis, die den Einstieg in neue Geschäftsfelder ermöglichte: den Konsumgüterhandel und den Pharma-Großhandel. Darüber hinaus schloss Haniel langfristige Verträge ab, um das Heizölgeschäft ohne Risiko ausbauen zu können und in die Schubschifffahrt einzusteigen.

In den 1970er Jahren zog sich die Familie Haniel aus der Montanindustrie zurück. Ihre Geschäftsinteressen konzentrierten sich nun auf die Franz Haniel & Cie. GmbH, einem Mischkonzern aus Handel, Dienstleistungen und Produktion.

Von Ruhrort in die Welt

Wachstumsmärkte und Mitarbeiter im Fokus – 1981 bis 2006

Die Unternehmensbereiche profitierten von der neuen Konzernstruktur. Die dezentrale Organisation ermöglichte kurze Wege und schnelle Entscheidungen, die Nähe zum Kunden erlaubte dynamisches Agieren. Das zeigte sich besonders deutlich bei der Öffnung

Oben
Die Holding Franz Haniel & Cie. GmbH verbindet die von der Familie geschaffenen traditionellen Werte mit dem dynamischen Vorwärtsstreben der Unternehmensführung.

Unten
Aus dem einstigen Lagergeschäft für Kolonialwaren ist ein weltweit operierender Konzern geworden. Um das alte Packhaus herum ist der Franz-Haniel-Platz zur modernen Firmenzentrale gewachsen.

Oben
Die Haniel Akademie, eine konzerneigene Weiterbildungsstätte, ist der integrierende und kommunikative Mittelpunkt des Unternehmens. Zahlreiche Veranstaltungen fördern hier den regelmäßigen Austausch zwischen Unternehmensbereichen und Holding.

des Ostens. Die Unternehmensbereiche fassten schnell Fuß in den neuen Bundesländern und in Osteuropa.

Seit Mitte der 1990er Jahre baut Haniel den Konzern durch international wachstumsfähige Geschäftsfelder kontinuierlich aus. Gemeinsames Ziel ist es, nachhaltig den Wert des Unternehmens zu steigern. Nachhaltigkeit – dies bleibt wichtigstes Leitmotiv für Haniel. So ergänzen sich die von der Familie geschaffenen traditionellen Werte mit dem dynamischen Vorwärtsstreben und der unternehmerischen »Unruhe« der Führung.

Am 10. Februar 2006 ist es 250 Jahre her, dass Friedrich II. den Bau des Packhauses vor den Toren Ruhrorts gestattet hat. Aus dem einstigen Lagergeschäft für Kolonialwaren ist ein weltweit operierender Konzern geworden. Um das alte Packhaus herum ist der Franz-Haniel-Platz zur modernen Firmenzentrale gewachsen.

Haniel bleibt in Bewegung

Konzentration auf Handel und Dienstleistungen ab 2007
Im Jahr 2007 stellt Haniel die strategischen Weichen neu und stimmt das Portfolio auf die Anforderungen der Zukunft ab: Fortan liegt der Fokus auf den Branchen Handel und Dienstleistungen. Auch setzt der Konzern seinen Weg in die internationalen Wachstumsregionen fort – vor allem nach Osteuropa, Asien und Nordamerika.

Duisport – Handels- und Verkehrsdrehscheibe der Rhein-Ruhr-Region

30 Millionen Menschen leben und arbeiten in einem Radius von 150 Kilometern um Duisburg. Mehr als 300 000 Firmen sind in der Region tätig. Rund 300 überwiegend auf Transport und Logistik spezialisierte Unternehmen im Hafen. Darunter sechs intermodale Terminals und 1,5 Millionen Quadratmeter überdachte Lagerflächen.

Wasserwege, Schienen und Straßen verbinden duisport darüber hinaus mit weiten Teilen Mittel- und Osteuropas. Für die Nordsee-Häfen – insbesondere Rotterdam und Antwerpen – ist duisport ein strategisch bedeutender Hinterland-Hub. Ideale Voraussetzungen für: effizienten Warenumschlag, intelligent verknüpfte multimodale Transportketten und hochwertige Kontrakt-Dienstleistungen

Kurz: eine Logistik-Drehscheibe von internationaler Bedeutung.

Unten
Der moderne Hauptsitz der Duisburger Hafen AG liegt direkt am Vinckekanal.

Imperial Logistics International

Logistikdienstleister mit Stammsitz in Ruhrort

Oben
Ein Kohletransportschiff auf dem Rhein vor Ruhrort

Mitte
Moderne Containerlogistik im Duisburger Hafen

In Duisburg-Ruhrort hat der Fullservice-Logistikdienstleister die Imperial Logistics International GmbH, ehemals nestrans Logistik GmbH, gegründet im Krupp Konzern, seit fast 20 Jahren ihren Stammsitz. Angeschlossen sind vier führende Logistikunternehmen mit ihren Tochterunternehmen und Beteiligungen.

Die Imperial Reederei-Gruppe ist Europas führendes Binnenschifffahrtsunternehmen mit 600 Schiffen, davon 160 eigene. Mit einer Tragfähigkeit von rund einer Millionen Tonnen werden 53 Millionen Tonnen trockene und flüssige Massengüter europaweit transportiert.

Die Panopa-Gruppe bietet maßgeschneiderte Logistikdienstleistungen entlang der Supply Chain – von der Beschaffungslogistik über Lagerbewirtschaftung, Sequenzierung, Vormontage, Produktionsversorgung und Ersatzteillogistik bis hin zur weltweiten Transportorganisation. Der Kontraktlogistikdienstleister ist auf die Bereiche Automotive, Stahl, Maschinen- und Anlagenbau sowie Transportmanagement spezialisiert.

Die neska-Gruppe übernimmt auf internationaler Ebene den Umschlag und Transport verschiedenster Güter im Verkehrsverbund von Lkw, Bahn und Schiff.

Die Brouwer Shipping & Chartering mit Sitz in Hamburg ist seit mehr als 45 Jahren der Spezialist für weltweite Schiffsbefrachtung und Logistik in allen Bereichen der Seetransporte.

Seit Oktober 1999 ist Imperial Holdings Limited, mit Sitz in Johannesburg (eines der größten Transport- und Logistikunternehmen Südafrikas mit rund 45 000 Mitarbeitern) alleiniger Gesellschafter der Imperial Logistics International-Unternehmensgruppe.

Unten
Die Imperial Logistik GmbH mit ihrem Hauptsitz in Ruhrort

Haniel Museum – Geschichte der Familie und des Unternehmens

Kontor und Privaträume hautnah erleben

Nach dem Tod Franz Haniels im Jahr 1868 nutzte das Unternehmen das alte Packhaus hauptsächlich als Bürogebäude. Ende der 1960er Jahre entstand die Idee, darin ein Museum einzurichten. Mittlerweile erleben hier jährlich rund 3500 Besucher die wechselvolle Geschichte der Familie und des Unternehmens Haniel.

Das Museum dokumentiert auf drei Etagen die Lebens- und Arbeitswelt der Familie Haniel und ihrer Mitarbeiter. Sehen Sie sich beispielsweise um im historischen Kontor eines Buchhalters: Historische Telefone, Schreib- und Rechenmaschinen zeugen hier von

Das Haniel Museum befindet sich im Gründerhaus der Firma Haniel – dem »Packhaus«. Der Zollbeseher Jan Willem Noot ließ es 1756 als Wohn- und Lagerhaus bauen. Später handelte man dort mit Kolonialwaren wie Tee, Gewürzen und Kaffee. 1779 wurde im Packhaus ein Enkel Noots geboren: Franz Haniel. Er lebte und arbeitete Zeit seines Lebens im alten Packhaus. Der visionäre Kaufmann begnügte sich nicht nur mit Handel und Schifffahrt, sondern baute die Firma auch zum Eisen- und Bergbauunternehmen aus. Damit trieb Franz Haniel die Industrialisierung des Ruhrgebiets maßgeblich voran.

Oben
Situationsplan der ersten Eisenhütten des Ruhrgebiets

Unten
Franz und Friederike Haniel umgeben von ihren erwachsenen Kindern

der Technik des ausgehenden 19. und beginnenden 20. Jahrhunderts. Die angrenzenden Wohnräume sind dem Biedermeier nachempfunden. Unter anderem zeigen Klavier und Notenblätter, dass bei Haniel nicht nur auf kaufmännisches Wissen, sondern auch auf eine musische Bildung Wert gelegt wurde. Eine alte Wiege kündet vom Kindersegen im Hause Haniel. Denn Franz und seine Frau Friederike Haniel, geb. Huyssen, hatten elf Kinder. Jedoch nur sechs von ihnen überlebten ihre Eltern.

Natürlich können Sie im Haniel Museum auch der mehr als 250-jährigen Firmengeschichte nachspüren. Anhand von detailgetreuen Modellen und Original-Exponaten lernen Sie die historischen Haniel-Geschäftsfelder kennen: Eisen- und Stahlindustrie, Bergbau und Schifffahrt. In all diesen Bereichen war Franz Haniel die treibende Kraft in der ersten Hälfte des 19. Jahrhunderts. So überzeugte er etwa seinen älteren Bruder Gerhard, gemeinsam mit ihm und zwei Schwägern drei Eisenhütten der Region zu erwerben. Aus diesen entstand 1808 die Hüttengewerkschaft und Handlung Jacobi, Haniel & Huyssen (JHH). 1873 wandelten die Erben das Unternehmen in eine Aktiengesellschaft um, die fortan den Namen Gutehoffnungshütte (GHH) trug und weltweit einen hervorragenden Ruf genoss. Von der Geschichte der JHH/GHH erzählen im Museum unter anderem zwei Modelle: ein Dampfschiff und eine Lokomotive. Auf Betreiben Franz Haniels hatte die JHH in Ruhrort eine Werft errichtet. Hier lief 1832 mit der »Stadt Mainz« das erste in Deutschland gebaute Dampfschiff für den Rhein vom Stapel. Die im Modell dargestellte Dampflokomotive wurde 1846, ebenfalls auf der JHH, für die Köln-Mindener Eisenbahn gebaut.

Auf Franz Haniel geht aber auch der erste Mergelschacht im Ruhrgebiet zurück. 1832 begann er im heutigen Essen-Schönebeck mit den Abteufarbeiten für einen Tiefschacht. Er hoffte, auf Fettkohle zu stoßen, die sich verkoken lässt. Damit wollte er den Kohlenbedarf der JHH decken. Doch die Wasserhaltung erwies sich zunächst als unmöglich. Immer wieder drang Wasser in den Schacht ein. Nach drei Monaten musste dieser erste Schacht Franz aufgegeben werden. Doch

Oben
Ein Blick in die Ausstellung

Unten
Ein Modell zeigt das Packhaus um 1760.

Oben
Zahlreiche Gemälde illustrieren die erzählte Geschichte.

Unten
Am Franz-Haniel-Platz verbindet sich die Geschichte mit der Moderne.

Haniel versuchte sein Glück in unmittelbarer Nachbarschaft erneut und begann noch im selben Monat mit den Arbeiten für einen neuen Schacht Franz. Doch der Erfolg war eher ideeller als ökonomischer Art. Denn das unter der Mergelschicht erreichte Flöz war nur etwa einen Fuß mächtig und damit nicht abbauwürdig. Es folgten zahlreiche Bergbauprojekte. Doch erst 1851 stellte sich der gewünschte Erfolg ein: Die Zeche Zollverein in Katernberg (heute zu Essen) nahm als erste wirtschaftlich arbeitende Mergelzeche des Ruhrgebietes ihre Förderung auf. Heute befindet sich die Zeche Zollverein auf der Liste der Weltkulturerbestätten der Unesco. Ein Modell der Gründungsanlage können Sie im Haniel Museum sehen.

Außer mit Stahl und Kohle beschäftigte sich Franz Haniel auch mit der Schifffahrt. Schon im mütterlichen Betrieb lernte er die Reederei kennen. Kontinuierlich baute er seine Schiffsflotte aus und war 1845 einer der ersten, der einen Dampfschlepper in Dienst stellte. Im Haniel Museum können Sie auch dieses Schiff, »Die Ruhr«, als Modell betrachten. Doch die Ausstellung endet nicht im 19. Jahrhundert. Lebendig wird auch die Entwicklung des Unternehmens unter den Erben Franz Haniels präsentiert. Der Besucher durchwandert das 20. Jahrhundert und erfährt etwas über die organisatorische Trennung von Kapital und Management in der Familie Haniel. Denn kein Familienmitglied ist im Konzern tätig. Außerdem erzählen Objekte und Bilder vom Wandel, den das Unternehmen seit den 1960er Jahren erlebt hat: vom Montanunternehmen hin zu einem internationalen Handels- und Dienstleistungskonzern. Wenn der Besucher dann fast am Ende des Rundgangs wieder im 21. Jahrhundert angekommen ist, erwartet ihn noch der Höhepunkt der Ausstellung. Die letzte Treppe trennt ihn von einem der wohl schönsten Veranstaltungsräume der Stadt: dem historischen Speicher.

Hier lagerten einst Kolonialwaren aus aller Herren Länder. Heute wird der Raum für firmeninterne Anlässe genutzt.

Wenn Sie nun neugierig geworden sind und noch mehr über das Leben der Familie Haniel im alten Packhaus und die Geschichte des Unternehmens erfahren möchten, dann sollten Sie

das Haniel Museum besuchen. Als privates Museum hat es keine geregelten Öffnungszeiten, sondern ist nur auf Anfrage zu besichtigen. Gruppen können das Museum zu einem individuell vereinbarten Termin wochentags besuchen. Interessierte Einzelpersonen können sich zu monatlich stattfindenden offenen Führungen anmelden. Der Eintritt ist kostenlos.

Oben
Alte Hauptbücher erzählen vom Geschäft vergangener Zeiten.

Mitte
Blick auf Franz Haniels Schreibtisch

Museum der deutschen Binnenschifffahrt – Technik. Geschichte. Erleben!

Unten
Das alte Jugenstilbad, heute Binnenschifffahrtsmuseum, liegt in der Nähe des Eisenbahnhafens.

Schifffahrts-Geschichte von der Steinzeit bis zur Gegenwart

Blickfang und Mittelpunkt in der ehemaligen Herren-Schwimmhalle ist die Tjalk »Goede Verwachting«, ein Lastensegler aus dem Jahre 1913 unter vollen Segeln.

In der ehemaligen Damen-Schwimmhalle vermittelt der begehbare Nachbau eines Binnenschiffes unmittelbare Eindrücke von Leben und Arbeit an

Oben
Auch große Lasten ließen sich mit der Tjalk problemlos transportieren.

Mitte
Das größte Binnenschifffahrts-museum der Welt aus der Luft

Unten
Die ehemalige Damenschwimmhalle mit dem Modell eines Binnenschiffes

Bord. Die Ausstellung berichtet vom Alltag der Schiffer und ihrer Familien zu Wasser und zu Lande. Alle Ausstellungsbereiche sind für Behinderte und Rollstuhlfahrer gut zu erreichen.

Das ehemalige Jugendstil-Bad

Das Museum im Spannungsfeld zwischen der historischen Substanz und der modernen Bestimmung: Der Rundgang durch eine faszinierende Ausstellung ist zugleich eine abwechslungsreiche Tour durch die geschichtsträchtige Architektur des Hauses.

Zahlreiche Spuren des Badebetriebs in dem prächtigen Jugendstil-Hallenbad aus dem Jahre 1910 lassen sich bis heute verfolgen. Der heutige Museumsbesucher dringt in Bereiche vor, die dem früheren Badegast verschlossen blieben – und kann sogar trockenen Fußes durch die einstigen Schwimmbecken wandeln.

Das Bad bot seinen Besuchern nach Geschlechtern getrennte Schwimmhallen, aber auch Duschen und Wannenbäder: Am Anfang des Jahrhunderts hatten nur wenige Privathäuser Badezimmer. Zuletzt wurden aber nur noch die Schwimmbecken genutzt – von immer weniger Badegästen. Deshalb kam 1986 das »Aus« für das Hallenbad.

Als Projekt der Internationalen Bauausstellung Emscher Park wurde es zu neuem Leben erweckt, behutsam renoviert und zum Museum umgestaltet. 1998 wurde dort, direkt am größten Binnenhafen Europas, Deutschlands umfassendstes Museum für Technik-, Wirtschafts- und Sozialgeschichte der Binnenschifffahrt wieder eröffnet.

Für immer vor Anker

Eine kurze Wanderung führt vom Museum über die Hafen-Brücke und entlang der Ruhrorter Promenade zu den Museumsschiffen »Oscar Huber« und »Minden«.

Das Museumsschiff »Oscar Huber«, 1922 gebaut, ist ein einzigartiges Kulturdenkmal. Bis in die 1960er Jahre zog das Räderboot pro Reise bis zu sieben antriebslose Kähne mit ihren Frachten. Es steht für eine Technologie, die mehr als 100 Jahre im Einsatz war.

Gegen Ende der 1950er Jahre kamen Schubboote mit Dieselmotoren auf und lösten die Schleppdampfer nach und nach ab. Die »Oscar Huber« entging als einziger Radschleppdampfer auf dem Rhein der Verschrottung.

Heute liegt sie am Leinpfad an der Schifferbörse vor Anker. Hier können Sie die imposante Technik bestaunen. Der Maschinenraum ist ebenso zugänglich wie die ehemaligen Mannschafts- und Wohnräume.

Direkt an der »Oscar Huber« liegt der Eimerkettendampfbagger »Minden«.

Ein Schiff, das keines ist

Bis in die 1970er Jahre bearbeitete der Eimerkettendampfbagger »Minden« die Fahrrinne der Weser zwischen Stolzenau und Hameln. Der Dampfantrieb hatte sich als besonders günstig für den harten Schieferton des Wesergrundes erwiesen. Wenn die Eimer festhakten, blieb die Maschine stehen; ein Rücklauf schadete ihr nicht. Mit einem erneuten Kraftstoß wurde der Brocken dann losgebrochen. Das gebaggerte Material fiel in Schüttrinnen oder auf ein Förderband und von dort aus weiter in einen längsseits liegenden Kahn.

Doch mit den Jahren war der Bagger, aus Schornstein und Abdampfrohr rauchend und dampfend und mit klirrender, scharrender Eimerkette, vor allem in der Lärmentwicklung, im Energieverbrauch und in der Reparaturhäufigkeit groß. Er konnte auf Dauer mit modernen Geräten nicht mehr mithalten. 1979 kam das »Aus«.

Seit 1982, genau hundert Jahre nachdem sie in Mainz gebaut worden war, liegt die »Minden« als Museumsschiff in Duisburg. Dabei ist der Dampfbagger streng genommen gar kein Schiff, denn er hat keine eigene Antriebsmaschine und wurde über größere Strecken geschleppt. Am Einsatzort bewegte er sich mit Winden an ausgelegten Ketten hin und her. Er gilt daher als schwimmendes Gerät.

Oben links
Zahlreiche Modelle veranschaulichen den Hafenalltag.

Oben rechts
Ein Spaziergang auf dem Grund des Rheins

Unten
»Oscar Huber« – Das schwimmende Museum liegt direkt vor der Schifferbörse vor Anker.

Das Radiomuseum – Nostalgie und Technik

Vom Volksempfänger zur Ultrakurzwelle

Oben
In der ehemaligen Turnhalle befindet sich seit 2005 das Radiomuseum.

Unten
Walter Voigt, der Leiter des Radiomuseums

Die Turnhalle der ehemaligen Schule Bergiusstraße 27 beherbergt seit 2005 ein Radiomuseum, welches in Privatinitiative von ehrenamtlich tätigen Mitgliedern des Fördervereins »Radiomuseum Duisburg e.V.« betrieben wird und ein Treffpunkt für funkhistorisch interessierte Technikfreaks, Nostalgiker und Liebhaber zeitgeschichtlicher Objekte ist. Gezeigt wird die Geschichte des Radios in der Zeit von 1923, Beginn des Rundfunks für zivile Zwecke, bis etwa Ende der 1960er Jahre.

Auf einer Ausstellungsfläche von 190 Quadratmetern sind etwa 350 Radiogeräte einschließlich separater Lautsprecher, Plattenspieler, Tonbandgeräte wie auch einige Fernsehgeräte aus den verschiedenen Epochen der Rundfunktechnik ausgestellt. Alle Geräte sind restauriert, viele einschaltbereit. Die erste Zeit des Radios wird bestimmt durch Detektorgeräte mit Kopfhörer (stromlose Empfangsgeräte), dann offene Röhrengeräte mit Batteriebetrieb und ab 1928 mit Anschluss an das Stromnetz. Das Museum zeigt einen großen Teil von Geräten aus jener Zeit.

Nach der Machtergreifung durch das NS-Regime 1933 sollte es allen Volksschichten ermöglicht werden, aus politischen wie auch aus propagandistischen Gründen am Rundfunk teilzunehmen. Deshalb wurde der so genannte »Volksempfänger« auf den Markt gebracht – ein einfaches Radiogerät, das in allen Haushalten vorhanden sein sollte. Im Handel waren aber auch technisch hochwertige Radioapparate erhältlich – »Großsuper« – mit zunehmender Bedienfreundlichkeit. Im Museum ausgestellt sind mehrere Volksempfänger-Varianten sowie auch technisch hochwertige Fabrikate.

Die Nachkriegszeit 1945 bis 1948/1949: Aufgrund der knappen Versorgung mit Rohstoffen aller Art war die Fertigung von Radios beschränkt und bedurfte der Zustimmung der alliierten Besatzungsmächte. In dieser Zeit entstanden sogenannte »Notgeräte«: oft billig »zusammengeschusterte« Radios, die ebenfalls im Museum besichtigt werden können.

Die Jahre ab 1950 sind gekennzeichnet durch die Einführung der Ultrakurzwelle (UKW), die sich wegen der besseren Tonqualität rasch allgemeiner Beliebtheit erfreute. Der Wunsch nach einer möglichst guten Klangverteilung führte Mitte der 1950er Jahre zu Geräten mit eingebauten Seitenlautsprechern, die einen so genannten 3-D-Raumklang erzeugten. Eine weitere Neuheit war dann ab 1963 der Stereoempfang über UKW. Das Museum zeigt zahlreiche Geräte aus dieser Zeit; Kleingeräte sowie Kofferradios runden das Programm technisch interessant ab.

Walter Voigt

Oben
Das Radiomuseum – Eine Entdeckungsreise durch die verschiedenen Epochen der Rundfunktechnik

Unten
Einer der vielen historischen Radioempfänger

Kunstwerke in Ruhrort – Denkmäler und Skulpturen im Hafenquartier

Von Schifffahrt und Hafen inspirierte Vielfalt

Oben
Der »Angler« ziert die Einfahrt zum Eisenbahnhafen.

Unten
Die »Boote« wirken, als wären sie im Vinckekanal gestrandet.

»Angler« von Adem Yilmaz

Wer hat sich nicht schon über die Stahlkonstruktion gewundert, die wie ein verunfallter Fahnenmast aussieht – um es 'mal respektlos auszudrücken? In Wirklichkeit ist dies aber die im Rahmen des Bildhauer-Symposiums zum Thema »Binnen-Hafen-Zeit« im Jahre 1993 geschaffene Figur des Anglers, der mit seinen 500 Kilogramm Edelstahlplatten und 60 Meter Edelstahlrohren Teil eines großen, den Eisenbahnhafen überschreitenden Kunstwerkes ist. Die 14 blau gestrichenen Beton-Hocker am anderen Ufer gehören auch noch dazu. Passender konnte der Ort nicht gewählt werden, sitzen doch immer (echte) Angler am Ufer des Eisenbahnbassins und hoffen auf den großen Biss.

Adem Yilmaz ist der Künstler, geboren 1955 in der Türkei. Zunächst studierte er dort Chemie-Ingenieur-Wesen, später in Köln an der Fachhochschule freie Malerei.

»Boote« von Susanne Windelen

Die »Boote« sind kaum zu sehen. Sie liegen auf einem Absatz am Ufer des Vinckekanals, direkt unterhalb der Brücke. Sie erwecken den Eindruck, als seien sie »wie Strandgut an das Ufer gespült worden« oder nach einer netten Paddeltour ans Ufer gezogen worden. Die Boote bestehen aus sieben fünf bis acht Meter langen Gussstücken aus verschiedenen pigmentierten Betonsorten.

Oben links
Direkt am Ruhrorter Pegel gelegen begrüßt das »Binnen-Hafen-Tor« die Schiffer des Rheins.

Oben rechts
Fast wie eine goldene Blume wächst die Schiffsschraube sechs Meter in den Himmel empor.

Unten
Neun Meter ragen die vier Säulen der »Ruhr-Akropolis« in die Höhe.

Wie dem Heft »Binnen-Hafen-Zeit« zu entnehmen ist, hat sich die Künstlerin von ihrem Projekt mittlerweile distanziert, da Sicherungsmaßnahmen und unsachgemäße Reparaturen die Erscheinung der Arbeit gravierend verändert haben.

Susanne Windelen wurde 1959 in Warendorf geboren, hat an der Kunstakademie Münster studiert und ist mit verschiedenen Stipendien und Preisen bedacht worden, unter anderem hat sie das Wilhelm-Lehmbruck-Stipendium der Stadt Duisburg erhalten.

»Binnen-Hafen-Tor« von Günter M. Schirmer

Der Schiffsschraubenturm stellt einen Gruß an die Binnenschiffer dar, die mit ihren Schiffen in den Hafenmund einlaufen. Neun Schiffsschrauben aus Messing sind an einem sechs Meter hohen Stahlmast befestigt und werden flankiert von zwei drei Meter hohen Spiralmauern. Dieses Kunstwerk wurde im Rahmen des Bildhauer-Symposiums 1993 geschaffen.

Der Künstler wure 1954 in Duisburg geboren. Er studierte an der Kunstakademie in Münster und Düsseldorf und hat schon nahezu weltweit ausgestellt.

»Ruhr-Akropolis« von Heide Weidele

An der Einfahrt zum Vinckekanal steht diese mehrfarbige Landmarke, hergestellt aus Spundwand-Elementen von neun Metern Höhe. Die Säulen erinnern an einen antiken Säulentempel oder diejenigen, die sich in der Schifffahrt auskennen, an Dalben, an denen Schiffe festmachen.

Oben
Der »Tönnekesdrieter« – Selbstironisch stehen die Ruhrorter zu ihrer Geschichte.

Die Künstlerin wurde 1944 geboren und lebt in Frankfurt am Main. Sie studierte unter anderem an der Hochschule für Gestaltung in Offenbach und hat zahlreiche Ausstellungen in Deutschland und im Ausland gemacht.

»Tönnekesdrieter« nach einem Entwurf von Leo Feltes

Dieses Kunstwerk steht scheinbar unbeachtet unter einem Baum an der Ecke Dammstraße/Kasteelstraße und erinnert an ein besonderes Kapitel Ruhrorter Geschichte. »Tönnekesdrieter (Tonnenscheißer)« wurden die Ruhrorter von ihren Meidericher »Freunden« gerne genannt, damals, Mitte des 19. Jahrhunderts. In der engen, dicht besiedelten Altstadt gab es keine Kanalisation. Die Abwässer aus den Häusern wurden einfach in die Gassen geschüttet und statt auf Toiletten – die bei Hochwasser wahrscheinlich immer weggeschwemmt worden wären – erleichterte man sich in ein kleines Fass, das Tönneken. War es voll, wurde es einfach in den Hafen gekippt. Die Schiffer beschwerten sich immer wieder und so wurde irgendwann ein Fuhrunternehmen beauftragt, wöchentlich den Inhalt der Tönnekes abzuholen. Nicht überliefert ist, ob die Ruhrorter für die Abholung ihres Driets (Mist) bezahlen mussten. Erst um 1870 wurden die ersten Wasserleitungen und Abwasserkanäle in Ruhrort verlegt.

Heute ist der Tönnekesdrieter auf dem Orden der Karnevalsgesellschaft Weiß-Grün verewigt und genießt hohes Ansehen. Hier heißt er aber ganz jeck »Tönnekes-D'Ritter-Orden«.

Das Denkmal wurde dem Tönnekesdrieter in Form eines Bronze Reliefs nach einem Entwurf von Leo Feltes zum 40. Jubiläum von Weiß-Grün im Jahre 1990 gesetzt und in weiser Voraussicht dem damaligen Oberbürgermeister Josef Krings zum Geschenk gemacht.

Unten
Die »Filter« sind nicht nur stilisierte Funktion, sondern sammeln darüber hinaus Regenwasser.

»Filter« von Peter Könitz

Ebenfalls im Rahmen des Bildhauer Symposium entstanden die »Filter« von Peter Könitz. Auf der Kaimauer an der Krausstraße steht diese Skulptur. Könitz hat damit »ein künstlerisches Gegenüber zu einer Kläranlage in Sichtweite gestaltet, indem er die umgekehrte Form der Kühltürme verwandt hat. Die Edelstahltrichter von jeweils 110 Kilogramm sammeln das Regenwasser und geben es wieder in das Hafenbecken ab.«

Peter Könitz wurde 1942 in Mülheim an der Ruhr geboren und hat Bildhauerei an der Folkwangschule in Essen und an der Kunstakademie in Düsseldorf studiert.

»Energiefeld« von Waltraut Cooper

Die österreichische Licht-Künstlerin Waltraut Cooper errichtete 1996 die computergesteuerte Leuchtröhreninstallation an der Aral-Tankstelle in Ruhrort.

Ja, die blauen und grünen Röhren sind keine Aral-Werbung, wie man aufgrund der gleichen Farbgebung gedacht haben mag. Nach längeren Gesprächen zwischen Politik, der Künstlerin und duisport soll die Installation nun einen neuen Platz an der Kaimauer auf dem duisport-Gelände erhalten und dort auch wieder ihre »Leuchtsignale« senden.

»Rehlein« von August Kraus

Auf dem Haniel-Grundstück, auf der Ecke von Landwehr- und Hafenstraße steht, versteckt durch Hecken und Rosen, die Bronzefigur eines Rehs, geschaffen vom Ruhrorter Künstler August Kraus. August Kraus wird am 9. Juli 1868 in Ruhrort als Sohn einfacher Eltern geboren: sein Vater ist Kutscher, die Mutter Tochter eines Schlossermeisters. Er verbringt seine Kindheit in Ruhrort, bevor er 1877 mit seinen Eltern zuerst nach Baden-Baden und dann nach Straßburg zieht. Er macht eine Ausbildung zum Steinmetz und Steinbildhauer, kommt 1888 mit einem Stipendium nach Berlin und studiert dort an der Kunsthochschule und ist bis 1898 Meisterschüler im Atelier von Reinhold Begas. 1900 bekommt August Kraus den großen Staatspreis verliehen, lebt und lernt dann fünf Jahre in Rom. Er wird Mitglied der Preußischen Akademie der Künste und 1933 deren Präsident.

Professor August Kraus verstirbt am 8. Februar 1934 mit 65 Jahren in Berlin und liegt auf dem Friedhof Heerstraße in Charlottenburg-Wilmersdorf begraben. Er erhielt ein Berliner Ehrengrab.

In Ruhrort ist die Krausstraße am Vinckekanal, die frühere Oberdammstraße, nach August Kraus benannt. Am Haus Nr. 33 findet sich eine Gedenktafel, hier stand früher das Geburts-

Oben
Vor dem sommerlich blauen Himmel setzt sich das »Energiefeld« perfekt in Szene.

Mitte
Nach mysteriösem Diebstahl steht das »Rehlein« nun wieder auf seinem Platz.

haus des Bildhauers. Seine Werke stehen u.a. in Berlin, Baden-Baden, Düsseldorf (die »Sandalenbinderin« ist bekannt), sogar in Shanghai und eben in Ruhrort. Auch das »Männeken Pis«, eine Brunnenfigur, die vor dem Bezirksamt Mitte auf dem Sonnenwall steht, ist von August Kraus geschaffen. Der Bildhauer will 1908 das »Männeken Pis« den Ruhrortern vermachen, diese lehnen das Geschenk ihres berühmten Sohnes aber »aus Sittlichkeitsgründen« ab. Pech gehabt, heute bekommen wir es wohl nicht wieder zurück.

Das Rehlein wurde 1908 geschaffen und 1928, anlässlich seines 60. Geburtstages, vom Künstler den Ruhrortern geschenkt. Seit 1933 steht es auf dem Haniel-Gelände. Zu dieser Skulptur gibt es eine mysteriöse Geschichte. In der Nacht vom 29. auf den 30. Januar 1993 wurde es gestohlen, fein säuberlich von seinem Sockel entfernt und war trotz intensiver polizeilicher Bemühungen und ausgerufenem Finderlohn nicht aufzufinden. Fast auf den Tag genau zwei Jahre später, am 25. Januar 1995, wurde das Reh dann einem Duisburger Rechtsanwalt übergeben. Einige kleinere Restaurierungsarbeiten waren nötig, aber ein paar Monate später konnte es an seinen angestammten Platz zurückkehren. Es wurde nie geklärt, was mit dem Rehlein passierte und wer es zurückgebracht hat. Der von Haniel bereitgestellte Finderlohn kam übrigens einem Jugendprojekt zugute.

Mitte
Weithin sichtbar strahlt die »Blaue Grotte«.

Unten
Von der »Blauen Grotte« konnten die Schiffer einst ihr Boot im Werfthafen erreichen.

»Blaue Grotte« von Heide Weidele

Über dieses Kunstwerk wird in Ruhrort immer wieder gesprochen. Auf dem Gelände der ehemaligen Schiffswerft Lünnemann wurde ein Abgang zu den Frachtschiffen zur Blauen Grotte umgestaltet. Mehrere Schichten Blau ergeben einen besonders strahlenden Eindruck, vor allem dann, wenn die Grotte abends durch blaues Licht verstärkt wird. Durch die Spiegelungen im Wasser des Hafenbeckens entstehen immer wieder ganz neue Effekte. Leider blättert die Farbe schnell ab und muss nachbearbeitet werden, so dass die Blaue Grotte nicht immer das Fernweh nach Capri wecken kann.

Heide Weidele hat die Blaue Grotte geschaffen. Sie wurde 1944 in Frankfurt am Main geboren und studierte an der Hochschule für Gestaltung in Offenbach und an der Staatlichen Hochschule für Bildende Künste in Frankfurt. Sie präsentierte ihre Werke in zahlrei-

chen Einzelausstellungen und beteiligte sich an Ausstellungen.

»Nikolaus« von Wolf Spitzer
An der Spitze der Mühlenweide steht, den Blick rheinabwärts gerichtet, eine große Bronzestatue des Heiligen Nikolaus, im vierten Jahrhundert Bischof von Myra in Kleinasien, des Schutzpatrons der Schiffer. Angeregt wurde die Errichtung der Statue vom damaligen niederländischen Konsul Dr. Gerd Wilhelm Hulsman anlässlich seines 25-jährigen Dienstjubiläums. Der Bildhauer Wolf Spitzer aus Speyer hat den Heiligen Nikolaus in Bronze gegossen und anlässlich der Einweihung am 27. Oktober 1990 dem Wilhelm-Lehmbruck-Museum übergeben. Dank großzügiger finanzieller Unterstützung der Firma Haniel, des Initiativkreises Ruhrgebiet und vieler privater Spenden grüßt der Schutzpatron der Schiffer nun die an Ruhrort vorbeifahrenden Schiffe und Boote.

»Kaminkopf des Hanielstifts«

In der Parkanlage zwischen Luisenstraße und Hanielstraße befindet sich ein Kaminkopf des alten Hanielstifts, das bis 1977 an dieser Stelle stand. Franz Haniel hatte das Krankenhaus anlässlich seiner goldenen Hochzeit mit Friederike Huyssen der Stadt Ruhrort geschenkt. Es wurde im Jahre 1862 eingeweiht. Als das Hanielstift 1977 in die Städtischen Kliniken Wedau integriert wurde, riss man das alte Gebäude ab – der Kaminkopf wurde aber »gerettet«. Beim Abbruch entdeckten nämlich Vater und Sohn Croy der gleichnamigen Elektro-Firma mit Sitz in Ruhrort, dass dieser Kaminkopf ebenfalls der Abbruchbirne zum Opfer fallen sollte. Kurzerhand wurde er sichergestellt und fand bis zum Frühjahr 2006 einen würdigen Platz als Sonnenuhrfundament in einer Gartenanlage in Vynen am Niederrhein. Der Ruhrorter Bürgerverein übergab das Prachtstück im Mai 2006 der Firma Haniel aus Anlass ihres 250-jährigen Firmenjubiläums. Im August 2006 wurde der Kaminkopf zur Erinnerung an das Hanielstift enthüllt.

Die Wappensteine des ehemaligen Ruhrorter Krankenhauses befinden sich übrigens auf dem Gelände der Städtischen Kliniken.

Ute Bopp und Hanne Dünnwald

Oben links
Der »Nikolaus« grüßt die Schiffer am Kopf der Mühlenweide.

Oben rechts
Je nach Rheinpegel bekommt der Nikolaus auch schon 'mal nasse Füße.

Unten links
Die Wappensteine des ehemaligen Hanielstifts stehen heute auf dem Gelände der Städtischen Kliniken.

Unten rechts
Der »Kaminkopf« des Hanielstiftes wurde vor dem Abbruch gerettet.

Rheinorange –

Wo die Ruhr auf den Rhein trifft

Oben
In strahlendem Orange markiert die Stahlskulptur die Mündung der Ruhr in den Rhein.

Die Stahlskulptur »Rheinorange« des Künstlers Lutz Fritsch von 1992 markiert die Mündung der Ruhr in den Rhein. Mit einer monumentalen Größe von 25 Metern Höhe und sieben Metern Breite erreicht die weithin sichtbare Stele ein Gewicht von 83 Tonnen. Gefertigt wurde sie aus 120 Blechen der Firma Thyssen Stahl, welche anschließend bei Krupp Industrietechnik in Rheinhausen zu einem zweiteiligen Hohlkörper montiert wurden.

Bei der auffälligen orangenen Farbe handelt es sich um das so genannte Reinorange (RAL 2004). Die Skulptur bildet einen weit sichtbaren zentralen Punkt, der in exponierter Lage die Spannungen aus Landschaft und Industrie, Geschichte und Gegenwart aufnehmen und bündeln soll. Sie begrüßt die Abfahrenden und Ankommenden wie ein Leuchtturm, als Symbol für Duisburg und seine Häfen.

Der Ruhrhöhenweg xR –

Von der Quelle bis zur Mündung den Fluss entlang

Als Hauptwanderstrecke des Sauerländischen Gebirgsvereins (SGV) verbindet der 240 Kilometer lange Wanderweg Quelle und Mündung der Ruhr. Über die Höhen der angrenzenden Hügel und Berge des Ruhrtals beginnt der Weg im sauerländischen Winterberg und endet an der Rheinorange. Der Weg ist durchgängig mit dem Wanderzeichen »xR« markiert. Im Gegensatz zu dem »Ruhrtalradweg« verläuft der Wanderweg jedoch nicht direkt am Flussufer, sondern folgt den Höhenkämmen 'mal nördlich und 'mal südlich der Ruhr. Der Weg führt über Olsberg, Meschede, Arnsberg, Hattingen, Essen und Mülheim und vermittelt dem Wanderer einen Einblick vom Wandel einer industriegeprägten Region und deren Nähe zu fast unberührter Naturlandschaft.

Das Ruhrort-Lied

*Fotografie: »ohne Titel 3« – aus der Serie: *Ruhrort.Räume, von Vera Keysers*

Manchmal denke ich zurück,
an das schöne Hafenglück
von Ruhrort.

Und ich träume von der Zeit,
die den Fluss vom Bett befreit,
in Ruhrort.

Wo Millionen Schiffe fahr'n,
Millionäre Schiffer war'n,
in Ruhrort.

War's und ist es wunderschön,
man kann von Laar bis England seh'n
in Ruhrort.

In Ruhrort.

In Ruhrort,
in Ruhrort da find ich die Antwort.
In Ruhrort,
in Ruhrort find ich meine Ruh.
In Ruhrort,
in Ruhrort hab ich ein Geheimnis.
In Ruhrort, schliess ich meine Augen fest zu.

Einer geht am Rhein spazier'n
sieht Touristen sich verirr'n,
in Ruhrort.

Die ehemalige Eisenwarenhandlung »Hennes« in der Harmoniestraße ist nun das »Lokal Harmonie«.

Einer möcht ein Vogel sein,
einer träumt vom Gold im Rhein,
in Ruhrort.

Wo die Aale wieder zieh'n,
glänzt der Strom ultramarin.
In Ruhrort.

Am Firmament ein roter Zwerg,
über'm Hafenfeuerwerk,
in Ruhrort.

In Ruhrort.

In Ruhrort,
in Ruhrort da find ich die Antwort.
In Ruhrort,
in Ruhrort find ich meine Ruh.
In Ruhrort,
in Ruhrort hab ich ein Geheimnis.
In Ruhrort, schliess ich meine Augen fest zu.

[Text und Musik: Klaus Steffen. Erstveröffentlichung 2008 in der Performance »Knapp daneben ist auch daneben – Ruhrort und sein Hafen« im Lokal Harmonie]

Ruhrort – Schön hier

Ruhrort, durch die Schaufenster vom Lokal Harmonie betrachtet

Oben links
Ausstellung Bosporus

Oben rechts
Publikum in der Ausstellung Bosporus im »Lokal Harmonie«

Unten
»Our Town.Ruhrort« nach Thornton Wilder

Das hat uns ja auch keiner an der Wiege gesungen, dass wir 'mal hier landen. Seit zwei Jahren sitzen wir jetzt im Ladenlokal einer ehemaligen Eisenwarenhandlung, nannten das zuerst »Hennes-Lokal« (nach dem vorherigen Pächter) und haben's dann (wegen der beziehungsweise aus Rücksicht auf die vorherigen Pächter) umbenannt in »Lokal Harmonie«. Ob der Name Programm ist, vermögen wir nicht zu sagen, wie wir uns überhaupt, seit wir hier sind, fragen, was wir hier sollen könnten.

Mit der Frage nämlich, was Ruhrort ist und ob es sein muss, fing alles an. TAD – Theater Arbeit Duisburg und Tup – Theorie und Praxis, zwei Vereine mit teils gleichem Personal, nahmen den leerstehenden Laden via Mietzins in Besitz, mit handfesten Interessen. So hörten die (TAD & Tup respektive die Interessen) sich an: »Nicht nur um die Erfassung der inneren Logik der sozialen Realität ist es uns zu tun. Wir wollen diese Realität auch, bitteschön, ändern. Revolutionär ... in etwas, das schön ist.« Darin steckte schon der Keim zum Fehlstart eines glücklichen Miteinanders, denn Ruhrorter sagen, dass Auswärtige sagen, Ruhrort beziehungsweise Duisburg-Ruhrort (wie Auswärtige sagen) sei der schönste Stadtteil Duisburgs. »Was kommt denn hier rein?«, fragte eine der vielen am Laden vorbeizuckelnden Rollatorschieberinnen einen gerade außen dekorierenden TAD-Regisseur. Der: »Kunst!« Sie: »Macht ja nichts!« Eben. Muss sich hier, wie überall, etwas ändern, damit es schön wird, oder ist es hier, wie überall, (noch, immer noch) zu schön, als dass sich etwas ändert? Will Ruhrort die Revolution?

Schön ist hier vor allem die Vergangenheit: mehr Millionäre als Berlin, mehr Nutten als Amsterdam und wenn das nicht die Beatles waren, die hier in den zahllosen Bars und Clubs gespielt haben, dann war's auf jeden Fall trotzdem irgendeine berühmte Kapelle. Dass es damit nix mehr ist, haben die meisten gemerkt, dass es mit »Hafenstadtteil« auch nicht mehr weit her ist, schon weniger. »Knapp daneben ist auch daneben« hieß eine Reihe mit Theorieveranstaltungen über Ruhrort und »seinen« Hafen. Zutreffend, fanden wir beziehungsweise fanden wir heraus.

Martin Kloepfer, der erwähnte Regisseur mit der »Kunst!«, neulich erst für seine jüngste Inszenierung am Schauspiel Frankfurt vom so genannten führenden deutschen Theaterkritiker in der FAZ als »fast schon avantgardistisch antimodisch« gelobt (wo er das wohl her hat?), hat hier »Our Town. Ruhrort«

nach Thornton Wilder inszeniert und ein bisschen eigenen Text eingearbeitet (siehe Fenster zwei), Fazit: »Kann alles weg.« Waren ziemlich gut besucht, die Vorstellungen. Auf Nachfrage versicherten duisport und Ruhrorts Feudalherr Haniel allerdings, dass ein Abriss Ruhrorts nicht geplant sei. Das »Klein-Venedig des Duisburger Nordens« taugt also nicht 'mal als Containerstellfläche, sondern ist hauptsächlich im Weg, weshalb eine ganz Ruhrort überspannende Brücke in logistischer Planung ist. Vermutlich ist es so, dass Duisburg sich Ruhrort 1905 einverleibte als Zweitstadt zum Ausschlachten und jetzt ist hier alles aufgebraucht.

Da kamen wir als kreative Zwischenmieter wohl gerade recht. Als Beitrag zur Gentrifizierung. Wär allerdings schöner, wir würden Aquarelle malen und feilbieten – oder gleich Schifffahrts-Accessoires. Kunst ist in Ruhrort das Sentimental der Zukunft, Beiträger zum Wettbewerb »Unser Dorf soll schöner werden« – solange bis beziehungsweise damit sich hier wieder richtige Geschäfte ansiedeln. Im Ernst glaubt keiner d'ran, und vielleicht ist das der Grund, warum wir immer noch und mit einer gewissen Beharrlichkeit hier sind: um uns weiterhin wacker ignorieren zu lassen. Gut für's Avantgarde- oder Bohème- oder Künstler-Ego.

Eher schlecht für's Revolutionäre und Erkenntnisinteressierte. Deshalb ignorieren wir jetzt auch Ruhrort, jedenfalls das in seiner verkürzten Selbst- und verfälschten Fremdsicht. »Was gehen mich die Probleme von Menschen an, deren größte Not die Parkplatznot ist? Die auch noch, durch die Unfähigkeit, rückwärts einzuparken, eine selbst verschuldete ist.« Wir machen's uns statt dessen selbst, Kunst, und bei uns selbst gemütlich: Feiern Weihnachten im »Wunderland« mit Thommie und Klaus, wann immer es uns passt, und debattieren im »Reformclub« über alles außer Ruhrort und uns anderswohin.

Warum dann hierbleiben? Gentrifizieren helfen wollen wir nicht, aber diesen herbeigeredeten und scheint's auch ein bisschen einsetzenden Kunst-in-Ladenlokale-Boom im Ruhr2010-Gefolge wollen wir schon mitnehmen – wir haben ja damit angefangen. Was es in Ruhrort vielleicht war, ist oder werden wird, sind wir nämlich allemal und schon längst: schön. Und bleiben schön hier. Und sitzen im Lokal Harmonie als dem Raum gewordenen Dreiklang aus Gemütlichkeit, Kritik und Krisenstimmung. Wir machen's – »Immer weiter!« (O. Kahn) – wie Ruhrort: Rahm abschöpfen, Reste essen. Und dann kommt die Brücke drüber.

Thommie Black, Christian Schoppe und Stefan Schroer

Oben
Lesung

Unten links
Konzert im Lokal

Unten rechts
Proberevolution

Ruhrort muss weg

Die kleine Stadt muss weg.
Kann alles weg.
Suboptimal genutzte Fläche. Von »genutzt« kann man fast nicht sprechen.
Der Erdboden wird nur genutzt, um darauf zu stehen.
Diese Leute stehen nur auf diesem Stück Boden,
weil sie nicht fliegen können,
und nicht unter Wasser atmen,
nur deswegen gehen sie auf diesem Boden herum,
dafür nutzen sie ihn,
damit sie nicht gleich bis zum Erdmittelpunkt oder bis nach China durchrauschen,
dafür ist der Erdboden hier an dieser Stelle grad gut genug.

»Erst will ich eure Äcker, dann will ich eure Söhne« August Thyssen? Ach was.
»Ich will nur eure Äcker, eure Söhne kann ich nicht brauchen.« Duisport!
Das kann alles weg.
Sobald es stört oder der Platz für irgendwas anderes genutzt werden kann,
kommt das alles weg,
die Häuser, diese schönen alten Häuser
sind gar nicht schön, die sind nur alt und kaputt,
und was da an Zierleisten dran gegipst ist, diese Nymphen und Engelchen,
alles Fabrikware, billiger Nippes.
Kann weg.

Die Läden, alle leer, können weg.
Die Kirchen, völlig leer. Weg!
Die Wohnungen, leer, weg!

Worauf warten die hier. Warum soll das bleiben.
Ist das denn wirklich so schön hier?
War das irgendwann mal schön?
Davon wird hier so viel geredet, wie das alles mal schön war,

Unten
Reformclub

wie das alles geblüht hat, profitiert hat von der Industrie.
Schön.
Da waren Kneipen und Bordelle und 22 Millionäre vor dem Krieg.
Schön.
Und davor waren da Hütten und Zechen und Werften und der Kamin hat geraucht.
Sehr schön.
Und davor waren da Äcker und Wiesen,
auch schön,
und davor war da ein Wald mit Rehen und Igeln,
und davor Eis, und davor noch ein andrerer Wald
mit Amphibien die auf dem Bauch kriechen,
und Bäumen, die zu Kohle werden, und davor war das Meer.
Das war auch schön.

(Ach Gertrud, las uns ma wieder ans Meer fahrn, dat is so schön.)
Diese paar Leute,
die hier mit ihren Biographien spazieren gehen und von alten Zeiten träumen,
sind die ein Grund, daß das alles bleiben muss?
Können die nicht woanders spazieren?
Kann das nicht bitte alles weg, diese Häuser und diese Straßen,
bevor noch ärmere Schweine kommen,
aus Afrika vielleicht,
und in die leeren Wohnungen gehen,
und auf diesem Stück Boden rumschleichen,
nur um zu atmen, was niemand sonst atmen will,
und zu trinken, was da ist
und zu essen, was da ist,
zu nehmen, was sonst keiner haben will?

Soll das immer so weitergehen. Wie weit geht das noch?

Kann das nicht bitte alles weg,
damit das aufhört, damit das endlich aufhört,
damit dieses geschundene, verseuchte Stück Boden wieder Frieden hat.

Das ist meine Heimat
Das sind meine Leute
Das ist die Welt, die ich versteh

Das ist meine Heimat
Das sind meine Leute
Hier bleib ich mein Leben lang, hier ist es schön.

Das ist meine Heimat
Das sind meine Leute
Das ist die Welt, die ich versteh

Das ist meine Heimat
Das sind meine Leute
Hier bleib ich mein Leben lang,
bis ich geh.

[Lied – nach Randy Newman: »My Country« – aus: »Our Town. Ruhrort«, 2008 im Lokal Harmonie; Regie und Liedtext: Martin Kloepfer]

Oben
*Fotografie: »ohne Titel 5« – aus der Serie: *Ruhrort.Räume, von Vera Keysers*

Ruhr-Art Galerie – Neue Kunstmeile am Hafenmund

Klaus Grospietsch berichtet über seine Galerie, seine Musik und seine Visionen für Ruhrort.

Oben
Klaus und Tatjana Grospietsch fühlen sich in ihrer Ruhr-Art Galerie am Leinpfad wohl.

Mitte
Nicht nur kulturell, auch gastronomisch ist die Galerie einen Besuch wert.

Unten
Die ehemalige Elektrowerkstatt am Leinpfad ist die ideale Location für eine Galerie.

Mit der Eröffnung der Ruhr-Art Galerie im Mai 2008 auf dem Leinpfad habe ich mir einen lange gehegten Wunschtraum erfüllt. Schon mit Anfang 20 wollte ich etwas »mit Kunst« machen. Mir schwebte damals ein Kunst-Café vor, wo man in gemütlicher Kaffeehaus-Atmosphäre Malerei, Filme oder Musik genießen kann. So ähnlich ist nun auch das Konzept, das meine Frau Tatjana und ich uns für die Ruhr-Art Galerie überlegt haben. Im Vordergrund steht natürlich die Kunst in der Galerie, gleichzeitig kann man im Galerie-Café bei Kaffee oder kalten Getränken mit uns über Kunst und die Welt reden. Außerdem veranstalten wir Kurse. Meine Frau ist Kunstpädagogin und hat in den Sommerferien für Kinder Mal- und Gestaltungskurse angeboten.

Als wir 2006 nach Ruhrort gezogen sind, sind wir oft den Leinpfad entlang spaziert und haben uns gefragt, was sich wohl hinter der Stahltür mit der aufgemalten Matisse-Figur, der blauen Frau, befindet. Beim Hafenfest 2007 haben wir dann über die Nachbarn Kontakt zum Makler knüpfen können, über den wir dann letztlich die ehemalige Elektrowerkstatt, in der auch 'mal eine Galerie war, anmieten konnten. Drei Monate haben wir intensiv renoviert, neue Böden eingezogen, eine

kleine Küche eingerichtet und Trennwände gezogen und trotzdem den besonderen Charme dieses Raumes erhalten können. Niedrige Betondecken und die geweißten Wände, das noch sichtbare Mauerwerk – all das ist eine ungewöhnliche Location für eine Galerie und erinnert mich immer an das Flair Berliner Hinterhof-Galerien, die wir uns noch Ostern bei einem Besuch in Berlin angesehen haben.

Die Lage hier am Leinpfad ist phänomenal. Die besten Tage für die Galerie sind sonnige Wochenenden. Dann kommen Tagestouristen aus dem Ruhrgebiet, Fahrradfahrer aus ganz Duisburg und auch die Ruhrorter schauen vorbei. Allerdings haben viele Leute noch »Schwellenangst« und kommen nur zögernd herein. Ich sage dann immer, »Ein Besuch kostet nur Ihr Interesse«. Wir sind ja kein Museum, das Eintritt verlangt, sondern eine Galerie mit Verkaufskunst. Die Exponate der Künstler, die hier ausstellen, kosten natürlich Geld, sind aber nicht überteuert. Spontankäufe finden allerdings kaum statt. Die Leute überlegen sich schon gut, wofür sie ihr Geld ausgeben. Leben können wir von den Verkäufen aber nicht. Jeden Monat wechseln die Ausstellungen und die Künstler. Wir haben einige Kontakte zur Kunstszene und dass es jetzt hier eine Galerie gibt, hat sich schon herumgesprochen, so dass Künstler anfragen, ob sie bei uns ausstellen können. Wir haben aber den Anspruch, Künstler mit akademischer Ausbildung auszustellen und keine Hobbykünstler.

Es ist schade, dass es so wenige Fixpunkte hier auf dem Leinpfad gibt. Schifferbörse, Anleger, Oscar Huber, Hübi und unsere Galerie; man könnte hier noch so viel mehr machen. Wir würden gerne eng mit den Kindergärten in Ruhrort, mit der Grundschule oder den Jugendeinrichtungen zusammenarbeiten, um Kinder und Jugendliche zu künstlerischen Aktivitäten zu animieren. Aber auch die Erwachsenen sollen nicht zu kurz kommen: Im Herbst planen wir die Gründung eines privaten Film-Clubs und wollen hier in der Galerie ältere, besondere Filme zeigen. Vorher soll es eine Einführung und danach nette Gespräche über die gezeigten Streifen geben. Ich freue mich, dass die Galerie schon so gut angenommen wird und lade alle Ruhrorterinnen, Ruhrorter und Touristen ein, sich 'mal bei uns umzuschauen. Es gibt immer wieder etwas Neues zu entdecken.

Ute Bopp

ruhr Art GALERIE

Oben
Der Leinpfad als Flaniermeile ist ein toller Standort für mehr Kunst und Kultur.

Mitte
Die Ruhr-Art Galerie präsentiert sich modern und inspiriert.

Unten
In direkter Nachbarschaft zur Galerie befindet sich die Gaststätte »Zum Hübi«.

Das Ruhrorter Hafenfest – Ruhrort steht Kopf

Kunsthandwerk, Jahrmarkt, Feuerwerk – Spaß für Jung und Alt

Oben
Zum Hafenfest verwandelt sich die Mühlenweide in einen Jahrmarkt.

Unten
Ohne das Engagement der Ruhrorter Bürgerinnen und Bürger wäre das Hafenfest nur halb so schön.

Vier Tage, in denen Ruhrort Kopf steht und Tausende von Besuchern in unseren kleinen Hafenstadtteil kommen und mit uns feiern. Von selbst organisiert sich solch ein großes Fest natürlich nicht, wer schon 'mal nur eine größere Geburtstagsparty vorbereitet hat, kann ahnen, wie viel Arbeit hinter diesem »Mega-Event« steckt. Erfinder des Hafenfestes, Motor und Vorsitzender des vor zwei Jahren gegründeten Vereins Ruhrorter Hafenfest e.V. ist Walter Pavenstedt.

16 Jahre ist es in diesem Jahr her, dass das erste Hafenfest in Ruhrort gefeiert wurde. Es begann mit der Idee, dass der erfolgreiche Hafenchor von Duisport auch 'mal in Ruhrort auftreten sollte. Der Chor hatte schon auf mehreren Hafenfesten gesungen, aber eben noch nie in Ruhrort. Walter Pavenstedt war auch schon damals der Leiter des Chores. »Wir wollten eigentlich nur eine kleine Bühne aufstellen, Bier und Bratwürstchen verkaufen und singen.« Das Wochenende, das sich der Chor ausgesucht hatte, fiel jedoch genau mit dem Ruhrorter Schützenfest zusammen. Also hat man sich zusammengesetzt, eine Gegenveranstaltung zu organisieren, kam Walter Pavenstedt nicht in den Sinn. Und so wurden beide Festivitäten miteinander verbunden und ein großer Erfolg. Von höchster Stelle kam ein Lob und die Aufforderung, im folgenden Jahr wieder ein Hafenfest zu veranstalten: Josef Krings, damals Oberbürgermeister in Duisburg, war begeisterter Besucher des ersten großen Festes in Ruhrort. »Und so wurde es Tradition, am Hafenfestwochenende auch das Schützenfest zu feiern, beide Feste profitieren voneinander.«, erklärt Walter Pavenstedt.

In all den Jahren hat der Hafenchor das Hafenfest organisiert. Ehrenamtlich, getrieben von der Begeisterung, etwas in Ruhrort und für die Ruhrorter auf die Beine zu stellen. 2007 wurde der Hafenfest-Verein gegründet, der sich nun um Organisation und Durch-

führung kümmert. Vorstandsmitglieder sind unter anderem Dr. Bernhard Weber-Brosamer, Mario Adams, Rudolf Gande. Und natürlich der Vorsitzende Walter Pavenstedt, dem die Vorbereitungen nach wie vor »riesigen Spaß« und ihn ein bisschen stolz machen.

Walter Pavenstedt: »Im letzten Jahr haben wir einige Neuerungen eingeführt, die auch in weiterhin so bestehen bleiben, sprich', der Kunsthandwerkermarkt auf dem Richard-Hindorf-Platz, der Gourmetgarten, der Fischmarkt, die Postkutsche und die Standorte der Bühnen.« Selbstverständlich gab es am Freitag Abend auch ein Feuerwerk, 2009 zum ersten Mal aber ein musikalisches. Die Feuerwerkskörper wurden zum Takt der Musik in den nächtlichen Himmel geschossen und boten dort ein besonderes Schauspiel. Die Musik dazu wurde von Radio Duisburg auf UKW 92,2 eingespielt.

Die Top-Acts im letzten Jahr waren die Lords und die Animals, die einstmals eine ganze Generation begeisterten. Walter Pavenstedt: »Ich möchte mich bei allen Helfern, Organisatoren und vor allem bei den Sponsoren bedanken, ohne die ein solches Fest überhaupt nicht durchgeführt werden kann.«

Selbstverständlich sind auch die ansässigen Gastronomen, Museen und Vereine engagiert dabei. So präsentiert sich beispielsweise das Museum der deutschen Binnenschifffahrt mit einem interessanten Programm für Kinder. Historische Schiffe beleben das Hafenbecken und natürlich lässt sich auch die maritime Stimmung am Ruhrorter Yachthafen genießen.

Ute Bopp

Oben
Die Wiesen vor dem Binnenschifffahrtsmuseum bieten viel Platz zum Spielen und Toben.

Mitte
Buntes Treiben auf dem Leinpfad, das Hafenfest lockt jährlich Tausende Besucher an.

Unten links
Bis in die späten Abendstunden genießen die Besucher die Attraktionen der Kirmes.

Unten rechts
Das Feuerwerk über der Friedrich-Ebert-Brücke ist der krönende Höhepunkt des Festes.

Das Ruhrorter Flaggenfest

110 bunte Flaggen grüßen die Schiffer

Im April 2009 feierte das Ruhrorter Flaggenfest seine Premiere. Der Ruhrorter Bürgerverein 1910 e.V. und der Förderverein für ein maritimes Ruhrort – Ruhrorter Flaggenmast e.V., luden gemeinsam mit Bürgermeister Benno Lensdorf ein ganzes Wochenende zum Ruhrorter Flaggenfest ein.

Auf der Mühlenweide erlebten zahlreiche Besucher, wie neue Flaggen an Ruhrorts Wahrzeichen gehisst wurden. Ziel war es, das Zusammengehörigkeitsgefühl des Hafenstadtteiles nachhaltig zu stärken und gemeinsam zu feiern. So wird in Zukunft der Mast jedes Jahr im Frühling neu beflaggt.

Was den Bayern ihr jährlicher Maibaum, ist den Ruhrortern ihr Flaggenmast, Anlass genug, in jedem Jahr ein nettes Fest auf der Mühlenweide zu feiern. Zur Premiere gab es ausreichend Speis und Trank am Ufer des Flusses, die Besucher schlenderten, begleitet von maritimer Chormusik am Wasser entlang. Ein Shanti Chor in Seemannskluft gab auf der Bühne unter dem 40 Meter hohen Mast bekannte Seefahrerlieder zum Besten. Trotz Wolken und Wind spielte das Wetter mit und es blieb trocken. Der Flaggenmast ist ein Geschenk des Schiffervereins aus dem Jahre 1970, steht aber doch schon zehn Jahre länger als Wahrzeichen Ruhrorts an der Mühlenweide. In luftiger Höhe wehen bis zu 110 verschiedene Flaggen.

So freuen sich alle Ruhrorter und Ruhrorterinnen von nun an jedes Jahr noch ein bisschen mehr auf den Frühling. Das Flaggenfest ist ein gutes Beispiel für das große ehrenamtliche Engagement der Ruhrorter und ein nahe liegender Grund, einmal mehr zusammen zu kommen und die Feste so zu feiern wie sie fallen.

Oben
In 40 Meter Höhe wehen die Fahnen an Ruhrorts Wahrzeichen.

Mitte
Der Biergarten ist nicht nur am Flaggenfest ein beliebtes Ausflugsziel.

Unten
Jährlich werden die 110 bunten Flaggen festlich begrüßt.

Am »Latte-Macchiato-Faktor« müssen wir arbeiten!

Das Magazin »Prinz« kürt Ruhrort zum lebenswertesten Stadtteil im Revier

Wir haben es ja immer schon gesagt: Ruhrort ist lebenswert. Jetzt haben wir es auch überregional schriftlich und schwarz auf weiß: die Redaktion des Szeneblattes »Prinz« hat verschiedene Stadtteile im Ruhrgebiet anhand von 11 Kriterien miteinander verglichen und Ruhrort ist demnach der lebenswerteste Stadtteil im Revier. Das Saarland-Straßenviertel in Dortmund, das Germarkenviertel in Essen, Castrop, Wehringhausen in Hagen und Bochum-Langendreer – alle hatten keine Chance gegen unser Ruhrort. Wir zitieren: »Urige Schifferkneipen, neue Architektur, erwachende Kreative ...«, und: »Energie schöpft das Hafenquartier besonders aus der Spannung zwischen Heim- und Fernweh, Verfall und Blüte ...«.

In den Kriterien Infrastruktur, Weltoffenheit (leben hier Menschen verschiedener Kulturen und Nationalitäten?) und Zukunftsperspektiven (investiert die Stadt in das Viertel oder verkommt es?) hat Ruhrort die volle Punktzahl erreicht. Am wenigsten Punkte gab es für den Ausgehwert (die Anzahl der Restaurants, Bars und Clubs), die Architektur (sieht das Viertel gepflegt oder heruntergekommen aus?) und – tja, daran sollten wir besonders arbeiten – für den »Latte-Macchiato-Faktor«. Das ist – so »Prinz« – »diese Mischung aus Hippness und Gemütlichkeit, die jeder sofort spürt, wenn er offen durchs Viertel geht.«

Also: Espresso kochen, Milch aufschäumen und ab auf die Straßen und Gassen in Ruhrort, damit es alle merken: In Ruhrort lebt man wunderbar!

Ute Bopp

Oben
Die Gaststätte »Zum Hübi« geht mit gutem Beispiel voran.

Mitte
Auch die obligatorische »Bude« beschert Ruhrort gastronomische Vielfalt.

Unten links
Navigare – Maritimer Genuss: Direkt am Museum der Deutschen Binnenschifffahrt, im ehemaligen Kesselhaus, finden Sie das Museumsrestaurant »Navigare«. Edles Holz und warme Rottöne machen aus dem Technik-Denkmal einen Ort zum Wohlfühlen und Genießen.

Unten rechts
Die typische Hafenkneipenkultur Ruhrorts wartet auf ihre Wiederbelebung.

Die Schifferbörse – Moderne Gastronomie in maritimer Atmosphäre

Eine Erfolgsgeschichte im Herzen des Stadtteils

Oben links
Einst Ort des Handels, ist das Traditionshaus heute ein beliebtes Restaurant.

Oben rechts
Kulinarisches mit viel Liebe zum Detail

Unten
Die Crew der Schifferbörse freut sich auf Ihren Besuch.

Wer an die Schifferbörse denkt, denkt auch an ein außergewöhnliches Restaurant mit einem Ambiente, das seinesgleichen sucht. Direkt am Hafenmund gelegen, wird ein Ausblick auf den Hafen, den Rhein und den Museumsdampfer »Oscar Huber« geboten, der die maritime Einrichtung des Hauses eindrucksvoll unterstreicht. Gediegen ist das kulinarische Angebot, das Ihnen von Frank Schwarz und seinem Team geboten wird.

Mit Freude, großem Können und »dem Händchen«, immer die besten Zutaten zu finden, bietet die Küche eine breite Palette an Speisen, die den verwöhnten Gast zufrieden stellen, aber auch den Liebhaber der »Hausmannskost« auf seine Kosten kommen lassen.

Mit ständig wechselnden Aktionen wie Candle-Light-Dinner, Prominentenkochen oder Kochkursen und traditionellen Veranstaltungen wie Hafenbrunch und Börsentalk, sorgen Frank Schwarz und seine Crew dafür, dass das Haus mit Leben gefüllt wird.

Die Schifferbörse in Duisburg-Ruhrort: Ein Haus mit langer Tradition, das untrennbar mit der Geschichte des atmosphärisch schönsten Duisburger Stadtteils verbunden ist.

Die Erfolgsgeschichte des Duisburger Gastronomen Frank Schwarz begann 1989 mit der Gründung eines Partyservices in Duisburg. Nach Fleischerlehre, Kochausbildung und Meisterprüfung im Fleischerhandwerk machte er sich einen Namen mit der Ausrichtung und gastronomischen Gestaltung von Events und Partys im gesamten Bundesgebiet. Seit 1999 zeigt sich der Gastronom auch für die Schifferbörse in Duisburg-Ruhrort verantwortlich.

In der Erlebnisgastronomie können Tagungen, Hochzeiten und jede andere erdenkliche Feierlichkeit organisiert und durchgeführt werden. Die Vielfalt an Räumen und die Variabilität der Bestuhlungsmöglichkeiten machen dieses möglich. Das Haus verfügt über ein breites Sortiment an Tagungsequipment und ist außerdem in der Lage auch außergewöhnliche kulinarische Wünsche zu erfüllen.

Das besondere an der Schifferbörse liegt wohl in der Vielseitigkeit und in der Besonderheit der vorhandenen Räumlichkeiten. Neben dem historischen Börsensaal mit seiner klassischen Holzvertäfelung, zeigt sich auch der mit Glas überdachte Hansehof architektonisch einzigartig. Vor dem Hintergrund der besonderen Tradition präsentiert sich die Schifferbörse keineswegs verstaubt. Vielmehr gelingt den Betreibern scheinbar mühelos die Verbindung zur Moderne.

Insbesondere der Tagungsraum versprüht Eventcharakter. Der wichtigste Anziehungspunkt dürfte neben der guten Küche ebenfalls der einladende Biergarten und die Terrasse sein. Wer kann da an einem heißen Sommertag der guten Aussicht auf den Hafenmund und einer kühlen Erfrischung widerstehen?

Oben
Die Glaskuppel über dem Hansehof schafft eine einzigartige Stimmung.

Unten
Der Betreiber, Frank Schwarz, setzt auf Vielfalt und Qualität.

Der Trödel auf der Mühlenweide – Typisch Ruhrgebiet

In den Sommermonaten lockt der große Trödelmarkt auf der Mühlenweide hunderte von Besuchern an. Von April bis Oktober lässt sich hier regelmäßig Stöbern und Handeln. Das Angebot reicht dabei von edlen Antiquitäten bis hin zu kitschigem Nippes. Auch professionelle Händler bieten hier ihre Neuwaren an, doch die Mischung macht's.

In schöner Atmosphäre rund um den Fahnenmast mit seinem einladenden Biergarten ist auch für Kulinarisches gesorgt.

Besonders charmant ist dieser Trödelmarkt durch seine ausgelassene und entspannte Stimmung. Hier lässt man sich gerne 'mal Zeit zum Stöbern und Entdecken. Zwischen Dachbodenfunden und Kuriosem machen hier nicht nur Ruhrgebietler gerne ein »Schnäppchen« und genießen anschließend noch ein kühles Pils mit Blick auf den Rhein.

Café Kurz – Ältestes Café in Ruhrort

Beliebter Treffpunkt in der Nähe des Friedrichsplatzes

Die meisten Ruhrorter werden es kennen oder haben zumindest schon einmal die charakteristisch gelb verpackten Kuchentabletts durch Ruhrort wandern sehen. Die Rede ist von »Café Kurz«, dem ältesten Café und Treffpunkt in unserem Stadtteil.

Auf der Fabrikstraße 50 in der Nähe des Friedrichplatzes, erhält man alles, was das Schlemmerherz so begehrt und das, bis auf wenige produktionsbedingte Ausnahmen, auch noch tagesfrisch.

Das tägliche Sortiment umfasst Hefeteilchen, Obstkuchen in diversen Variationen, unterschiedliche Trockenkuchen sowie verschiedene Sahnetorten und Marzipan-Desserts. Schlemmereien speziell für Diabetiker werden nur auf Anfrage produziert, wie uns der Juniorchef, Thomas Fischer, berichtet. Die Nachfrage ist einfach nicht groß genug und man will nur absolut frische Ware verkaufen, dafür ist »Kurz« weit über Ruhrorts Grenzen hinaus bekannt. Nach wie vor ein Renner sind die Sahnetorten, an deren Absatz auch Weight Watchers und Co. nichts ändern konnten. Wer erst einmal ein Stück »Himbeer-Sahne« probiert hat, wird dies vollkommen verstehen können und verwundert fragen: »Weight Watchers? Wer sind eigentlich Weight Watchers?«

In den Sommermonaten kann man sogar Eis kaufen, welches allerdings nicht selbst gemacht ist, da hierfür einfach die Räumlichkeiten fehlen. Im Winter gibt es statt Eis dann Pralinen; die wiederum sind aus eigener Herstellung und absolut empfehlenswert. Nicht täglich auf der Karte, aber auch beliebt, ist Teegebäck, das aber auch eher in den Herbst- und Wintermonaten verkauft wird, wenn die Tage kürzer werden und die Leute sich gerne auf eine gemütliche Tasse Tee oder Kaffee zu Hause hinsetzen.

Gemütlich hinsetzen kann man sich übrigens auch direkt im Hause »Kurz«. Acht Tische, wahlweise mit Blick auf das Treiben im Laden oder den Trubel auf der Straße, laden dazu ein. Wer es ruhiger mag, setzt sich in eine

Oben
Das Café Kurz an der Fabrikstraße ist Ruhrorts ältestes Café.

Unten
Auf Wunsch werden hier auch aufwändige Sonderanfertigungen hergestellt.

kuschelige Ecke und frühstückt beim Zeitunglesen.

Als Autor muss ich einfach auf das beste nicht-süße Produkt hinweisen: Wurstbrötchen! Diese Hackfleisch-Blätterteig-Spezialität ist einfach ein geschmackliches Highlight. Frisch aus dem Ofen zusammen mit »Lea & Perrins« Worchestersauce ist diese Leckerei unvergleichlich. In Zeiten von Cholesterin- und Ernährungsbewußtsein wird es nicht mehr so einfach abverkauft und auch hier wird größter Wert auf Frische und Qualität gelegt.

Um diese Frische zu gewährleisten, müssen Vater und Sohn einen langen Arbeitstag bewältigen, der so gegen 4.30 Uhr in der Früh beginnt und mit der Schließung des Cafés um 18.15 Uhr meist nicht beendet ist. Einzig freier Tag ist der Montag, der wird aber häufig für die Erledigung von Bestellungen von Privatkunden und anderen Cafés geopfert.

Trotz der nach Außen eher unscheinbaren Größe gehen hier wochentags täglich zwischen 20 und 25 Kuchen und Torten über die Theke, am Wochenende sind es dann gerne auch 'mal 50 bis 60 am Tag, Bestellungen noch nicht eingerechnet.

Bei den Bestellungen verkauft sich gerade die berühmte Hochzeitstorte mit Sonderdekor nach Kundenwunsch überproportional oft. Wenn einem der Schritt in die Ehe so versüßt wird, kann man vor dem Altar ja schon fast nicht mehr »nein« sagen. Seit nunmehr 39 Jahren betreibt der Seniorchef, Wolfram Fischer, die Konditorei, in den letzten Jahren mit Hilfe seines Sohnes Thomas. Herr Fischer ist erst der dritte Besitzer.

Gegründet wurde das Café im Jahre 1891 von Herrn Adam Kurz, welcher es an die Schwestern Helene und Ida Kurz weitergab. Sollten Sie bei Ihrem nächsten Spaziergang in der Nähe sein, schauen Sie doch einfach 'mal rein, in Ruhrorts ältestes Café.

Markus Bender

Oben links
Wolfram Fischer ist der dritte Besitzer des Cafés.

Oben rechts
Hier wird Wert auf Frische und Qualität gelegt.

Unten
Seit 1891 erfreut das Café Kurz Ruhrorter Bürger mit feinen Leckereien.

Ende und die Siegermächte erlassen ein absolutes Vereinsverbot – der RTV darf vorübergehend nicht mehr existieren.

In den ersten Nachkriegsmonaten waren trotz Vereinsverbotes einige RTV Idealisten unermüdlich am Werk, um ein Vereinsleben so schnell als möglich wieder in Gang zu bringen. Die Turnhalle Carp Schule (zeitweise als Pferdestall genutzt) konnte in sechswöchiger Arbeit vom Schutt befreit und notdürftig hergerichtet werden. Der Sportplatz Ruhrdeich war zerbombt und fast unerreichbar durch die zerstörten Brücken. Durch die Erteilung eines »Permits« zur Führung eines Vereins durch die Militärregierung an drei »unbescholtene« RTV Mitglieder konnte am 21. Dezember 1945 auf der Turnratssitzung das offizielle Vereinsleben zunächst noch ohne 1860 wieder aufgenommen werden.

An Kriegsverlusten hat der Verein vorläufig 24 Turnbrüder. Verstorben sind während des Krieges 21 Vereinsmitglieder. Während in dieser Anfangszeit der Turnbetrieb nur zögernd in Gang kommt, spielen im Jahre 1946 bereits drei Handballmannschaften, darunter eine Damenmannschaft, und drei Mannschaften spielten Faustball. Damit der Spielbetrieb auf einem eigenen Platz durchgeführt werden konnte, gelang es dem Vorstand, gegen den Widerstand des Sportdirektors der Stadt Duisburg, das Gelände hinter dem Friedhof von der Reichsbahn anzupachten. Der Aufbau des Sportplatzes wird maßgeblich von Heinz Nünninghoff vorangetrieben und ist auch heute noch nach einigen baulichen Veränderungen unsere Heimat.

Oben
Historische Flagge des Ruhrorter Turnverein e.V.

Unten
Die Damen-Gymnastikgruppe des Turnvereins

Im Jahre 1950 wurde Anfang September das 90-jährige Vereinsjubiläum mit einem Fackelzug und »Feuerstoss« auf der Mühlenweide unter starker Beteiligung der Ruhrorter Bevölkerung begangen. Im Juni 1960 wird mit einer Festwoche das 100-jährige Vereinsbestehen gefeiert.

Alteingesessene Ruhrorter werden sich an den Festumzug der Kinder und Jugendlichen durch Ruhrort zum Sportplatz erinnern, wo 550 Mädchen und Jungen am Kinder-, Turn- und Spielfest, das der RTV für den Turngau Duisburg Mülheim durchführte, teilnahmen und um Titel und Urkunden kämpften.

Ein sportlicher Höhepunkt der Tennisabteilung (1963 von Ernst Heidemann neu gegründet) war das Jahr 1992: Torsten Vontheim wurde zum »Juniorsportler des Jahres« gewählt. Das »Turnen« verlor immer mehr an Zugkraft – doch dank der Vielgestaltigkeit wurden Grundsteine für spätere Abteilungen gelegt: Volleyball 1971 und Badminton 1979. 1981 wurde von Eintracht Duisburg der »Duisburger Stadtmarathon« ins Leben gerufen.

Ein unbestrittener Höhepunkt der bisherigen Vereinsgeschichte war die 125-Jahrfeier im August 1985. Viel Beachtung fanden die herzlichen Worte unseres OB Josef Krings und die Ehrenplakette des Bundespräsidenten Richard von Weizäcker wurde uns überbracht. Im Jubiläumsjahr gründete sich die Kung-Fu-Abteilung – nach 20 Jahren löste sich die Abteilung mangels Zuspruch aber 2005 wieder auf. Anfang 1986 konnte der Vorstand das stillgelegte Stellwerkhaus, direkt am Platz gelegen, von der Deutschen Bundesbahn anmieten. Mit der Anmietung war eine Erweiterung des Freizeitgeländes verbunden. Im 130. Vereinsjahr 1990 waren die Arbeiten dort beendet. Nach 25 Jahren Abstinenz wird seit 1990 im RTV wieder Tischtennis gespielt. Im Jahre 1993 gründet sich

Oben
Bauch, Beine, Po – die Damen sind stets gut in Schwung.

Mitte
Nach dem Brand versuchen die Mitglieder des RTV nun historische Spuren zusammen zutragen.

Unten
Das neue Vereinsheim entsteht.

die Baseball-Abteilung, die bis zu ihrer Auflösung in 2003 den Sportplatz belebte. Die traditionellste Abteilung – Handball musste Mitte der 1990er Jahre den Spielbetrieb einstellen, da keine Spieler mehr für wettkampfmäßigen Einsatz zur Verfügung standen. Ein Stamm »Unentwegter Ehemaliger« ist dem Verein dennoch treu geblieben.

Der November 2001 stürzt den RTV in eine noch heute spürbare Krisenlage: Das für den Verein zum Mittelpunkt gewordene Vereinsheim »Stellwerk« wurde durch Brandstiftung nahezu vernichtet. Alle »Vereinsschätze« wie Wimpel, Pokale, Festschriften und die Bildersammlung wurden vollständig vernichtet. Es begann ein langer Weg durch die Instanzen zwischen »Wiederaufbau oder Neubau«. Die gemeinsame Entscheidung fiel auf Neubau. Im Jahre 2008 war es dann soweit: Baubeginn. Die Einweihung des Vereinsheims erfolgte am 17. Januar 2010 durch Benno Lensdorf. Es ist zu hoffen, dass das Vereinsleben wieder ins »Rollen kommt« und die lange vermissten monatlichen Sportlertreffen zur Integration und Mitgliedersteigerung beitragen. Das 150-jährige Bestehen feiert der RTV in diesem Jahr traditionell mit einer Fest- und Sportwoche.

Willi Wildenblanck

Oben
Die Einweihung des neuen Vereinsheims erfolgte pünktlich zum 150-jährigen Vereinsjubiläum.

1. Ruhrorter Billard Club von 1967 – Spaß am Sport auch ohne Trigonometrie

Sportsgeist und Geselligkeit im Hafenstadtteil

Unten
Die Mitglieder des 1. Ruhrorter Billard Clubs freuen sich über die neuen Vereinsräume.

Um Karl Dammer, der in frühen Jahren beim Homberger BC spielte, scharten sich bei der Gründungsversammlung nicht nur Nell und Gresch. Anwesend war auch Vorstandsmitglied Heinz Wind vom Kreis Duisburg im Billard-Verband Niederrhein. Mit besonderer Freude stellten die Ruhrorter fest, dass sich der Kreisbeziehungsweise Verbandsvorstand in die Aufbauarbeit des Vereins einschaltet.

Dass die Ruhrorter Spieler stärker geworden waren, zeigt das gute Abschneiden bei den Spielen um den Köster-Pokal Anfang der 1970er. Das war der Anfang von vielen sportlichen Erfolgen und damit einhergehend auch des enormen Mitgliederzuwachses. In den besten Jahren zählte der Verein über 30 aktive Mitglieder, so dass in einer Saison bis zu sieben Mannschaf-

ten auf Kreis- und Bezirksebene gemeldet wurden. Neben Kreis- und Bezirks-Mannschaftsmeister konnten auch viele Einzelmeistertitel nach Ruhrort geholt werden.

Für die Jugend wurde zu dieser Zeit zum Training der Essener Billard-Professor Knäpper verpflichtet. Wie groß war das Gelächter, als er den Billardspielern mit Winkelmesser und sonstigen geometrischen Geräten das Billardspiel erklärte. Es ist aber unbestreitbar, dass viele der Spieler sich zum Teil erheblich verbesserten. Unbestreitbar ist allerdings auch, dass man auch ohne Kenntnisse in Trigonometrie und Physik Spaß und Erfolg im Billardsport haben kann.

Neben den offiziellen Meisterschaften verstanden es die Ruhrorter stets, den Billardsport auch mit dem Gemütlichen zu verbinden. So sind die Vereinsabende stets gut besucht und die Gäste erfreuen sich an allerlei kulinarischen Köstlichkeiten. Großen Zulauf befreundeter Vereine fand die Ausrichtung des Turniers »Ruhrorter Hafenpokal«, das an den Sonntagen des Ruhrorter Hafenkonzerts während eines zünftigen Frühschoppens in der Disziplin Dreiband ausgespielt wurde. Diese Turniere waren immer ein voller Erfolg. Dadurch sind richtige Freundschaften entstanden, die meist bis in die späten Abendstunden feucht-fröhlich besiegelt worden sind.

Oben
Das historische Gebäude beherbergt neben dem Radiomuseum auch den 1. Ruhrorter Billardclub.

Diesen Hang zum Geselligen haben sich die Ruhrorter auch bis heute behalten. Ein besonderes Highlight in jedem Jahr zur Adventszeit ist beispielsweise die Ausspielung des »Puten-Pokals«. Der Gewinner bekommt natürlich eine Pute, die kurz vorher frisch vom Markt besorgt wird. Dabei geht es nicht um ernste Kampfpartien, sondern um Spieldisziplinen, die man auch als »Jux oder Räuber-Partien« bezeichnen könnte.

Mitte
Die neuen Vereinsräume befinden sich direkt über dem Radiomuseum.

Alle Mitspieler haben eine Menge Spaß dabei. Natürlich wird auch hier wieder für das leibliche, kulinarische Wohl bestens gesorgt. Unerwähnt soll auch nicht bleiben, dass neben dem sportlichen Teil viele Ruhrorter Billardspieler auch als Funktionäre auf Kreis- und Landes-, bis hin zur Bundesebene erfolgreich tätig waren. Eine Auszeichnung der besonderen Art bekam dafür zum Beispiel unser bis heute noch aktiver Kassierer Manfred Klinkert am 20. Mai 1994. Dem damaligen Bundesschatzmeister der Deutschen Billardunion ist durch den Bundespräsidenten, stellvertretend durch den Oberbürgermeister Herrn Josef Krings, in Anerkennung seiner Verdienste um Staat und Volk das Verdienstkreuz am Bande des Verdienstordens der Bundesrepublik Deutschland verliehen worden.

Unten
Hell und freundlich ist die Bar in den Vereinsräumen – für Geselligkeit ist gesorgt.

Trotz aller sportlichen und geselligen Erfolge hatte unser Verein auch einige schwere Situationen zu meistern. Im Jahre 1990 mussten wir unser langjähriges Spiellokal, die »Bergiusstube« verlassen, da die damalige Gastwirtin Herta Nell aus Altersgründen das Lokal aufgeben musste und somit auch den Billard-Spielbetrieb nicht mehr aufrecht halten konnte. Wehmütig sind bis heute die Erinnerungen, rückblickend an eine schöne Zeit mit Siegen und auch Niederlagen, an denen auch die Gäste an der Theke teilnahmen und unsere Mannschaften lautstark unterstützten.

Unvergessen sind auch die Vereinsjubiläen, die bis dahin gefeiert werden konnten. Für die langjährige Treue zum Billardsport ist Herta Nell im Jahr 1991 zum »Ehrenmitglied« ernannt worden.

Für den Billardverein folgten nun einige unruhige Jahre. Mehrfach wurde das Spiellokal gewechselt oder es stand überhaupt kein Spiellokal zur Verfügung. Unser 25-jähriges Vereinsjubiläum konnten wir erst verspätet im neuen Vereinslokal am 7. Februar 1993 in der damaligen Gaststätte »Marions Treff« auf der Harmoniestraße feiern, da wir im Oktober 1992 gerade kein Spiellokal hatten.

Seit September 2008 befindet sich nun unser neues Vereinsheim direkt über dem »Radio-Museum« an der Bergiusstraße. Um überhaupt erst einen Spielbetrieb zu ermöglichen, mussten zwei leer stehende Räume, die schon eine längere Zeit nicht mehr genutzt wurden, umgebaut und renoviert werden. So wurde gemeinschaftlich gearbeitet, aber die Mühen haben sich gelohnt, so dass am 20. Januar 2009, bei einem kleinen Empfang, die offizielle Fertigstellung gefeiert und der heimische Spielbetrieb in der laufenden Meisterschaft wieder aufgenommen werden konnte. Neben vereinsinternen Vergleichen sind bereits auch Freundschaftsspiele gegen Trier und Büchenbeuren in Planung. In Trier und Büchenbeuren hatten die Ruhrorter anlässlich des 40-jährigen Vereinsjubiläums Vergleichskämpfe in Rheinland-Pfalz veranstaltet. Der heute amtierende Vorstand, bestehend aus Werner Nell (1. Vorsitzender), Willi Gerull (2. Vorsitzender und Geschäftsführer) sowie Manfred Klinkert (Kassierer) sieht zuversichtlich einer Aufrechterhaltung des Billard-Clubs entgegen, da man im Jahr 2017 das 50-jährige Jubiläum feiern möchte.

Werner Nell

Oben
Manfred Klinkert erhält am 20. Mai 1994 in Anerkennung seiner Verdienste das Verdienstkreuz durch Oberbürgermeister Josef Krings.

Unten
In gemütlicher Atmosphäre wird hier immer freitags abends gespielt.

Die Schachgemeinschaft Meiderich/Ruhrort e.V. – 20 Jahre Tradition

Das Spiel der Könige

Oben
Das Logo der Schachgemeinschaft Meiderich-Ruhrort

Mitte
Spieler der SGMR im Wohndorf Laar

Unten
Beim Schnellschachturnier ist hohe Konzentration gefragt.

Die Schachgemeinschaft Meiderich/Ruhrort e.V. wurde 1990 gegründet. Seitdem nehmen die Mitglieder an vielen Meisterschaften und Turnieren im Schachbezirk Duisburg und im Schachverband Niederrhein teil. 1992 gelang der 1. Mannschaft ein erster Erfolg. In der Besetzung Werner Zielinski, Jörg Trapp, Hans Leers-Fischer, Matthias Müller, Dieter Ossenberg, Dieter Althans, Klaus Grigat und Thomas Meinert wurde das Team Duisburger Meister und stieg in die Verbandsklasse auf.
2001 wurden Alexander Schmidt, Dirk Visser, Hans Leers-Fischer, Jörg Trapp, Werner Zielinski, Thomas Meinert, und Moissei Kogan dann Sieger ihrer Verbandsklassen-Gruppe; die Mannschaft spielt seitdem in der Verbandsliga.

Viele Titel holten sich SG-Spieler bei Meisterturnieren im Bezirk Duisburg. In der Saison 2007/2008 war Dirk Visser besonders erfolgreich. Er sicherte sich die Duisburger Einzelmeisterschaft und gewann die Pokalturniere im Bezirk DU und im Verband Niederrhein. Im Jahr 2009 wurde der Niederrhein-Pokal erneut von einem Meiderich/Ruhrorter gewonnen, diesmal war Alexander Schmidt der glückliche Sieger.

Auch innerhalb des Vereins werden viele Turniere ausgetragen. Zu den weiteren Aktivitäten gehört das alljährliche Meiderich/Ruhrorter Schnellschach-Turnier, das seit 1989 ohne Unterbrechung ausgetragen wird. An

diesem Turnier nehmen viele Duisburger Schachvereine mit 4er-Teams teil.

Im Internet ist die SG mit der Website www.sg-mr-schach.de vertreten. Der Webmaster Dirk Kohlhause pflegt eine vielbeachtete Homepage mit Informationen zum Schachleben im Verein und zur Duisburger Schachszene. Auf eine gute Pressearbeit, um in den Tageszeitungen, in vielen Anzeigenblättern und auf regionalen Websites vertreten zu sein, wird vom Pressewart Bernd Junker ebenfalls viel Wert gelegt.

Der aktuelle Vorstand der SG Meiderich/Ruhrort wurde im Juni 2009 gewählt und besteht aus Thomas Meinert (1. Vorsitzender), Dirk Kohlhause (2. Vorsitzender), Klaus Grigat (Kassierer), Alexander Schmidt (1. Spielleiter) und Bernd Junker (Pressewart und Schriftführer).

Der Treffpunkt der SG befindet sich in den Veranstaltungsräumen des Wohndorfes Laar. Gespielt wird freitags ab 19 Uhr. Am Schachspiel Interessierte aller Alterklassen und Spielstärken, natürlich auch Anfänger, sind bei den Vereinsabenden herzlich willkommen.

Bernd Junker

Oben
Peter Straub ist am Zug.

Unten
Die SGMR kann auf viele Erfolge stolz sein.

Der Rhein-Ruhr-Marathon

Am 18. September 1981 fiel im Sportpark Wedau der Startschuss zu einem Sportereignis, das inzwischen zu Duisburg gehört wie der Zoo oder der Hafen. Von den 485 Starterinnen und Startern im Gründungsjahr erreichten 385 das Ziel. Der Weg führt durch 12 Stadtteile, erst in Richtung Süden und dann über Hochfeld, nach Rheinhausen, Homberg, Ruhrort, Meiderich und zurück zum Sportpark. 42,195 Kilometer zählt die Wegstrecke, die sich jedes Jahr wachsender Beliebtheit erfreut. Mittlerweile sind über 5000 Teilnehmer dabei. Die Läufer überqueren bei Kilometer 16 den Karlsplatz in Ruhrort. Mitglieder des RTV organisieren ein Straßenfest mit Programm und Versorgung für die zahlreichen Zuschauer an der Wegstrecke. Somit erfreut sich der Rhein-Ruhr-Marathon nicht nur unter den Teilnehmern einer stetig wachsenden Fangemeinde.

Zwanzig Zehn – Ruhrort im Kulturhauptstadtjahr

Duisburg als Hafen der Kulturhauptstadt

Oben
Das Theaterschiff »Naumon« liegt in Ruhrort vor Anker.

In diesem Jahr, 2010, naht ein besonderes Ereignis: Das Ruhrgebiet ist Kulturhauptstadt! Auch Duisburg plant und bereitet derzeit Projekte und Aktionen vor, die den Kulturkalender bereichern werden. »Hafen der Kulturhauptstadt« – das ist der Schlachtruf, mit dem Duisburg die Aufmerksamkeit der Besucher auf sich ziehen möchte. Und wo könnte man den Hafen am besten erfahren, wenn nicht in unserem schönen Ruhrort?! Eine Internetrecherche zum Thema »Duisburg Ruhrort Kulturhauptstadt« hat allerdings nicht viele aktuelle Neuigkeiten hervorgebracht. Einzig über »La Fura dels Baus« – eine spanisch katalanische Theatergruppe, die auf einem Schiff, der »Naumon«, das schon jetzt im Hafenkanal liegt, mit einer besonderen Performance den Startschuss für die Local Hero Woche (21. bis 30. Mai 2010) geben wird – liest man etwas. Und sonst? Was passiert sonst in dieser Zeit noch in Ruhrort?

Frank Jebavy ist Leiter des Festivalbüros. Er plant derzeit die 33. Duisburger Akzente. In der Zeit vom 21. Mai bis

6. Juni 2010 wird das (älteste) Duisburger Kulturfestival, bei dem sich in den letzten beiden Jahren das »Hennes-Lokal« beteiligt hat, in Ruhrort stattfinden. Die Idee, Ruhrort in den Fokus zu stellen, so erzählt Frank Jebavy, sei in Spanien entstanden. Ein Theaterfestival, das er besuchte, fand in einem kleinen Ort in der Nähe von Barcelona statt. Verwinkelte Gassen, alte Häuser, Festivalatmosphäre – wo, überlegte er, kann man so etwas in Duisburg finden?! Dass der ehemalige Ruhrorter dabei an Ruhrort dachte, liegt auf der Hand. »Ruhrort hat durch die einmalige Lage am Rhein und den Hafen eine besondere Atmosphäre. Ruhrort ist voller Leben und voller Brüche – hier der florierende Hafen, dort vernachlässigte Häuser, hier der Leinpfad und die Mühlenweide, dort der Friedrichsplatz. Langweilig ist es hier nicht. Der Stadtteil inspiriert und macht neugierig.« Und Inspiration ist für Künstler der Lebensatem.

Ruhrort wird zur Bühne

Da es in Ruhrort kein Theater gibt, keine großen Säle mit Vorhängen aus Samt und drehbarer Bühne, wird eben der ganze Stadtteil zur Bühne. »Es gibt hier viele leer stehende Ladenlokale, in denen temporäre Spielstätten entstehen werden.« erklärt Frank Jebavy. Er und sein Team haben Theaterregisseure aus ganz NRW angesprochen, junge Leute, die in der Szene schon einen guten Ruf haben, Profis in ihrem Fach, für die es reizvoll und spannend ist, etwas außerhalb des klassischen Theaterraums zu inszenieren. »Die Theaterleute sollen Ruhrorts Charme entdecken. Sie ziehen durch den Stadtteil, machen sich ein Bild von der Gegenwart, stellen sich Vergangenheit und Zukunft vor und werden Stücke schreiben, die etwas mit Ruhrort zu tun haben.« Im ehemaligen Schusterladen werden wir also keinen Shakespeare sehen können – es sei denn, jemand schreibt Romeo und Julia ruhrorttauglich um. »Das habe ich noch nicht gelesen, aber von ein paar Skripten kann ich jetzt schon sagen, dass sie alle optimistisch sind ... und gut ausgehen.«, lacht Frank Jebavy. Momentan besichtigen die Künstler verschiedene Ladenlokale, alle sind aber noch nicht fündig geworden. Eine gewünschte Spielstätte ist beispielsweise die ehemalige Taxizentrale an der Luisenstraße. Insgesamt gibt es zwölf Theaterprojekte, die Stücke werden in den 14 Tagen etwa drei- bis viermal gespielt.

Kommen um zu bleiben

Frank Jebavy ist sich sicher, dass seine Akzente Ruhrort neu beleben werden und es quasi »wachküssen« werden. »Meine persönliche Vision ist, dass sich Künstler und Besucher von Ruhrort angezogen fühlen und bleiben. Ruhrort könnte der Kiez Duisburgs werden, ein Szenestadtteil, in dem die Leute wohnen wollen, der ›in‹ ist.« Dass die Duis-

Mitte
Zwanzig-Zehn wird ein Jahr voller kultureller Highlights.

Unten
Die geplanten Veränderungen im Rahmen des Kulturhauptstadtjahres sollen für Ruhrort einen bleibenden Wert haben.

burger Akzente nach Ruhrort kommen, sieht er als ein Bekenntnis der Stadt zu ihren Brüchen und Widersprüchen. »Wir wollen nicht als ›Raumschiff‹ landen und Ruhrort als Kulisse missbrauchen. Wir werden Ruhrorts Perspektiven aufzeigen und den Stadtteil stärken. Es wird etwas zurückbleiben, von dem Ruhrort langfristig zehren kann! Und das meine ich wörtlich.« verspricht Frank Jebavy.

Vorfreude und ein paar Geheimnisse

Und was wird nun konkret gespielt? Das Programm der Akzente wird erst im März 2010 veröffentlicht, Einzelheiten will und kann Frank Jebavy nicht verraten. Lässt er sich wirklich gar keine Geheimnisse entlocken, ein paar Schmankerl, die die Ruhrorter schon mal so richtig neugierig machen? Ein wenig ziert er sich noch, dann aber dürfen wir im Blickpunkt doch zwei schon feststehende Programmpunkte notieren: Vor einiger Zeit sind Filmdokumente aus den 1920er und 1930er Jahren über Ruhrort aufgetaucht, Filme, die niemand kannte. Einige wurden schon im Filmforum gezeigt, das gesamte Material wurde aufgearbeitet und konserviert. Filme sollten aber nicht im Archiv schlummern, sondern

Oben
Leer stehende Ladenlokale prägen das Stadtbild und könnten Schauplatz von Kulturarbeit sein.

Unten links
Haniel ist der Hauptsponsor von Ruhr.2010.

Unten rechts
Auch die Ruhr-Art Galerie ist Spielort von Ruhr.2010.

müssen auf die Leinwand gebracht werden und so wird es die Ruhrorter Filmnacht auf dem Neumarkt geben. Tim Isfort, der künstlerische Leiter des Traumzeitfestivals, wird sie musikalisch untermalen und ein prominenter Sprecher wird die, aus einer bekannten Ruhrorter Feder stammenden, zum Film passenden Texte vortragen. Außerdem wird es eine szenische Lesung aus einem historischen Ruhrorter Roman geben. Einmal im Schwung, Vorfreude zu wecken, erzählt Frank Jebavy dann doch noch etwas mehr. Die in Ruhrort ansässigen Künstler, wie das »Hennes-Lokal«, die »Kultur-Werft« oder die »Ruhr-Art Galerie« werden ebenfalls ins Programm eingebunden. Es ist zudem geplant, auf der Mühlenweide eine große Konzertbühne aufzustellen. Allerdings ist die Finanzierung dafür noch nicht gesichert. Dort könnten dann die Philharmoniker spielen. Auch die Mercatorinsel, auf die im nächsten Jahr die von Haniel gesponserte Treppe von der Friedrich-Ebert-Brücke herabführen wird, soll eine Spielstätte werden. Und natürlich »La Fura dels Baus«! Ein (vorerst) letztes Wort, Herr Jebavy? »Ich freue mich auf die Akzente in Ruhrort. Das wird eine tolle Zeit werden, an die man in Ruhrort noch lange freudig zurückdenkt.«

Ute Bopp

Oben
Vorhandene Events wie das Hafenfest werden das Programm von Ruhr.2010 bereichern.

Das Theaterschiff »Naumon« – Kultur geht in Ruhrort vor Anker

Seit Mitte des Jahres 2009 liegt das Schiff »Naumon« in Ruhrort vor Anker. Die katalanische Theatergruppe »La Fura dels Baus« lud eine Gruppe von Künstlern und Studenten aus Szenografie, Medienkunst, Kunstwissenschaft und bildender Kunst ein. An Bord des Schiffes setzen sich die Teilnehmer mit verschiedensten Themen rund um die Orientierung in unserer komplexen Welt auseinander. Dabei bildet das Schiff einen Ort, der sowohl innerhalb als auch außerhalb der Gesellschaft existiert. Die Perspektiven und Eigenheiten dieses besonderen Raumes stehen dabei im Mittelpunkt. Es entstanden zahlreiche Installationen, inspiriert von der Suche nach der eigenen Position.

Das Projekt ist Teil der Duisburger Akzente im Rahmen der Europäischen Kulturhauptstadt Ruhr.2010.

Ruhrort im Jahre 2015 – Eine Vision

Ein Sommertag im Hafenstadtteil

Unten
Bald wandelt sich die Mercatorinsel in einen Kultur- und Naherholungsraum.

»Heute abend um acht Uhr im Roi des Moules«. Das Handy-Klingeln hat mich aus meiner entspannten Betrachtung der Seerose Nymphaea Ruuroortis, die auf dem kleinen See gerade aufgegangen ist, aufgeschreckt. Die Nachricht, die mein Mann mir da aber ins Ohr flüstert, elektrisiert mich. Roi des Moules ... »Du hast wirklich einen Tisch bekommen?«, frage ich ungläubig. »Ja, endlich habe ich den Chef 'mal selbst am Telefon gehabt. Und weißt Du, was das beste ist? Es gibt frische Austern aus Cancale!« – »Wow! Was haben wir heute für ein Glück ...« – »Ja ... bis nachher dann, genieße deinen Tag noch.« Oh ja, das werde ich. Ich schlendere noch ein wenig am Wasser entlang und durch den Bambus-Hain. Wie sind die Phyllostachys nigra »Henonis« doch gewachsen, seit ich das letzte Mal hier war! Da kann man 'mal sehen, wie gut exotische Pflanzen doch auf diesem Mix aus Mutterboden, Erz und Kohle wachsen.

So ein freier Tag ist etwas Schönes. Heute morgen habe ich beschlossen,

die Sonne zu genießen und nicht ins Büro zu gehen. 'Mal zu schauen, was Touristen so erleben in unserem Ruhrort. Ich gehe langsam zum Anleger, um wieder hinüber zum Leinpfad zu fahren. Das Ruhrorter Werth, der mittlerweile europaweit bekannte Garten exotischer und neuartiger Pflanzen auf der alten Erzinsel – als Ruhrort noch unter dicken Staubschichten begraben lag – hat sich wirklich toll entwickelt.

Das kleine Elektroboot kommt und nimmt mich schnell mit auf die andere Seite. Ich gehe rechts entlang, um noch einen Blick auf die vielen Schuber und Jachten zu werfen, die in trauter Zwei- oder Dreisamkeit nebeneinander am Hafenbecken verankert liegen. Ich komme nur langsam vorwärts, denn immer wieder bleiben vor mir begeistert Leute stehen und zeigen auf eines der schönen Schiffe. Am Steiger Schifferbörse hat sich bereits eine lange Schlange gebildet für die Hafenrundfahrt. Es ist erst 10 Uhr morgens und die Sonne scheint vom blauen wolkenlosen Himmel. Die Luft ist klar – auch so eine Errungenschaft unseres Gartens. Man hat nämlich bei der Anlage darauf geachtet, dass die Bäume nicht nur schön aussehen, sondern auch Umweltgifte absorbieren können. Einmalig damals in der BRD. Mittlerweile werden wir in dieser Beziehung oft kopiert. Der Umwelt kann es nur gut tun. Ich gehe an der Schifferbörse vorbei. Die Kellner haben schon viel zu tun. Lachend grüßen sie und schleppen weiter Tabletts voller Milchkaffee und »Tönneken« heraus. »Tönneken« war – glaube ich – der Grundstein für den Aufstieg unseres Stadtteils.

Während ich über die kopfsteingepflasterten Straßen Richtung Neumarkt gehe, muss ich an den Sommer vor sieben Jahren denken. 2008 – damals gab es nur noch einige wenige

Oben
Kulinarisch hat Ruhrort auch heute schon viel zu bieten – wie hier in der Schifferbörse.

Unten
Romantik pur – ein Sonnenuntergang über dem Rhein

Oben
Grün wohin das Auge blickt.

Mitte
Der Friedrichsplatz der Zukunft

Unten
Eine Vision des Richard-Hindorf-Platzes

Geschäfte hier, nach und nach mussten Bäcker, Metzger und die Drogerie schließen, es lohne sich nicht mehr, sagten die Geschäftsleute. Es gab angeblich zu viele Einbahnstraßen, überall Baustellen, die Brücken über den Hafen und die Ruhr mussten gesperrt und erneuert werden, weil sie marode waren. Es kam zum Kollaps, von den 5300 Einwohnern waren am Ende des Sommers nur noch 4500 da ... Da eröffnete am Neumarkt in der alten Plus-Filiale eine Eisdiele und bot »Tönneken« an. Eine fantastische Eis-Kuchen-Spezialität, nach der sich bald halb Duisburg die Finger leckte und das mitten im Winter. Wie der Ruhrorter Italiener, der hier schon so lange lebte, das bewerkstelligte, bleibt wohl immer sein Geheimnis. Jedenfalls ist er mittlerweile einer der fröhlichsten Einwohner ... Ich gehe ins »Gelati Di Dolomiti« und bestelle mir ein »Tönneken«. Luca bedient mich persönlich und erzählt euphorisch, dass er heute das drei Millionste »Tönneken« zubereiten wird.

Ich schaue mich am Neumarkt um. Prima, der Weinhändler ist zurück aus dem Urlaub. Dann werde ich gleich 'mal vorbeischauen und sehen, was er so aus Frankreich mitgebracht hat. Nur probieren werde ich heute Morgen nichts, obwohl die Verköstigungen dort immer den Charakter eines Events haben. Touristen aus Holland und Bayern setzen sich an den Tisch nebenan und erzählen von ihren Einkäufen, die sie in unseren kleinen Fachgeschäften getätigt haben. Auch ich bezahle und schlendere durch die Geschäfte am Neumarkt und in den angrenzenden Straßen. Wie haben sich doch gerade Fabrik- und Bergiusstraße verändert ... Ah, neben dem Stoffladen hat ein neues Geschäft mit Gewürzen eröffnet... Da muss ich doch 'mal schauen! Die Wirtschaftsförderung Ruhrort hat neulich noch beklagt, dass es in der Altstadt von Ruhrort keine freien Ladenlokale mehr gibt und so viele Interessenten ... Designermode, Dessous, Schuhe, trendige Möbel, Galerien und ein edler Juwelier – nichts, was es hier nicht gibt! Gute Qualität zu guten Preisen, das war und ist bis heute Ruhrorts Motto.

»Hallo, wie geht's?« Ah, Kelle! »Guten Tag Kelle, gut geht's. Ich bin heute Touristin in Ruhrort ...« – »Schau, ist dieses Haus nicht auch wieder ein Schmuckstück geworden?« Kelle zeigt begeistert auf das frisch renovierte Haus auf der Weinhagenstraße. Strahlendes Grau und wunderschön herausgearbeitete klassizistische Strukturen. Kelle ist der Vorsitzende des Vereins »Ruhrorts Gemäuer e.V.« Er bekam seinen Namen, als er voller Enthusiasmus

seine Maurerkelle in die Fassade eines Hauses warf und ausrief: »So wahr diese Kelle dort steckt, so werden wir Ruhrort wieder zum Leben erwecken – schöner und aufregender als je zuvor!« Angeblich sah man später den Bürgermeister in der Kirche eine Kerze anzünden und ein Dankgebet sprechen, weil die Kelle tatsächlich in der Fassade stecken blieb ... Der Verein hat sich damals gegründet, in unserem Schicksalsjahr 2008, als es so aussah, als müssten wir hier zumachen. Dank Luca und seinen »Tönneken« wurden wir Ruhrorter wach.

Ideen und Visionen sollten nun Wirklichkeit werden. Zuerst wurde ein Immobilienfonds gegründet. Jeder

Oben
Die Zukunft des Eisenbahnhafens erhält den maritimen Charakter.

Mitte
Der Vinckeplatz mit seiner neuen Bebauung

Unten
Auch am Karlsplatz werden Baulücken geschlossen.

Oben
Die Flaniermeile am Leinpfad versprüht maritimes Flair.

Mitte
Der Maximilian-Platz mit seinen schattigen Bäumen birgt städteplanerisches Potential.

Unten
Die Bergiusstraße erhält in Zukunft eine klarere Struktur.

Ruhrorter und jede Ruhrorterin waren aufgefordert, etwas Geld zu geben, die großen Firmen stockten auf und der Verein »Ruhrorts Gemäuer e.V.« kaufte das erste Haus. Es wurde restauriert und renoviert, verkauft und so weiter. Ein Selbstläufer – Haus um Haus verschönerte sich. Die großen Wohnungen mit Balkon im Altbau, die schönen Hinterhöfe mit Berliner Flair waren und sind riesig begehrt. Leider stiegen auch die Mieten, aber das störte kaum. Es ist mittlerweile einfach schick, in Ruhrort zu wohnen. Künstler, Familien mit Kindern, gutsituierte Ältere aber auch »normale« Arbeitnehmer, Arbeitslose und Ausländer leben hier miteinander.

Über den Friedrichsplatz, unseren verkehrstechnischen Dreh- und Angelpunkt laufe ich zurück. Nach Hause? Es ist später Nachmitttag, aber noch bin ich in Urlaubsstimmung. Kein Wunder, die vielen fröhlichen Leute, die mit großen Augen, vollen Tüten und Eis auf der Hand staunend durch meine Heimat laufen, machen mich ein wenig euphorisch. Zeit, zu verschnaufen! Im Schatten des Medical Center hat sich das »Spa Ruhrorts« entwickelt. Nachdem nach langer Bauzeit endlich die Ärzte einziehen konnten, wurde schnell der Wunsch nach Wellness und Entspannung geäußert. Im Tausendfensterhaus, das heute auch Tausend-Thermen-Haus genannt wird, wurde neben dem Fitnessstudio eine Saunalandschaft installiert und in den Häusern auf der Jordingstraße entstanden Wellness-Tempel: Ayurverda, Thalasso und Tai Chi werden hier angeboten.

Mein Ziel ist die neue »Kneipp-Straße«. Nach althergebrachtem Rezept stakse ich durch die Wasserbecken, leise Musik erklingt, das gedämpfte Licht und die saubere Luft entspannen sofort. Leider gibt's das noch nicht auf Rezept, aber die Preise sind sehr erschwinglich. Das ist das schöne hier: Jeder kann sich in Ruhrort alles leisten, das zieht natürlich auch viele Gäste an, die gerne immer wieder kommen.

Auf dem Weg heimwärts klingelt wieder mein Handy. Meine Freundin Ulrike aus Köln erzählt aufgeregt, dass sie im Stadtanzeiger gelesen habe, dass auch in diesem Jahr auf der Freilichtbühne an der Rheinorange wieder »Admiral Nelson« aufgeführt wird. Karten für die berühmte Punk-Oper, die nun schon im fünften Jahr in Folge hier gespielt wird, sind nur schwer zu bekommen. Aber sie hat recht, wenn sie sagt: »Du kennst doch bestimmt jemanden...« Das ist geblieben:

Wir Ruhrorter kennen uns und die Nachbarschaft funktioniert weiter. Ich besorge noch schnell Karten, auch für uns und lasse mich im Garten auf den Stuhl fallen. Keine Zeit auszuruhen. Mein Mann kommt von der Arbeit heim und möchte – bevor wir ins »alte Hafenviertel« gehen, noch schnell in die neue Ausstellung im Brückenturm.

Die kleine Galerie ist noch ein Geheimtipp, aber hier sehen wir die Berühmten von morgen. Moderne Kunst, Malerei, Bildhauerei ... alles was den Betreibern, zwei Engländern, die im Kulturhauptstadtjahr 2010 den Turm gekauft haben, gefällt.

Wir treffen auf dem Weg Dirk, der in den zweiten Brückenturm möchte. Dort hat sein Funkerclub endlich eine große digitale Antenne aufstellen und so Kontakte bis nach Holland und England per Funk herstellen können. Der Tag klingt aus am Werfthafen. Hier sind wir Ruhrorter und Duisburger abends oft unter uns, denn viele Tagestouristen kehren zurück auf ihre Schiffe und fahren rheinaufwärts. Der kleine Strand bietet Entspannung, das Wasser ist klar und die Angler an der blauen Grotte fangen hier die tollsten Fische. Überhaupt Fische ... Nachdem die alten Häuser am Werfthafen abgerissen wurden, musste man nicht lange überlegen, was dort gebaut werden sollte. Ganz im alten Stil der in den 1960er Jahren abgerissenen Altstadt Ruhrorts wurden kleine schiefe Häuser gebaut – eine Herausforderung für die örtlichen Bauunternehmen. Selbst Besucher aus Sankt Pauli sind beeindruckt von den Kneipen, kleinen Fischlokalen, in denen abends Musiker auf Schifferklavieren Hafenatmosphäre verbreiten. Hier liegt auch das kleine Lokal »Roi des Moules«, wo wir gleich Austern schlürfen und uns den guten Weißwein schmecken lassen werden.

Seemannslieder erklingen ...

Ute Bopp

Unten
Ruhrort blickt einer rosigen Zukunft entgegen.

Mercatorinsel – Die neue grüne Lunge von Ruhrort

Ein Plan wird Wirklichkeit

Oben
Aus der Luft zeigt sich die ganze Dimension der Mercatorinsel.

Unten
Im vorderen Teil der Insel werden neue Bürogebäude entstehen.

Zwischen Rhein, Hafenmund und Hafenkanal gelegen ist die Mercatorinsel, die bis 2005 noch Speditionsinsel hieß, zur Zeit Brachland. Die Ruhrorter erinnern sich noch an die Kohle- und Erzhalden in den 70er und 80er Jahren des letzten Jahrhunderts, an das ständige Fensterputzen und die Beeinträchtigung des Wohnwertes durch diese Industrie. Die Berge sind verschwunden, die Kräne, die heute vielleicht eine Attraktion wären, ebenfalls. Einmal im Jahr, beim Hafenfest, schauen wir gebannt auf die Insel, wenn uns von dort die Lichtilluminationen und Wasserspiele verzaubern. Der Blick soll aber demnächst öfter auf die Landzunge schweifen – und später sollen wir auch – vielleicht kurz bevor wir uns zum Abendessen in der Schifferbörse niederlassen – 'mal eben über die Insel schlendern ... aber der Reihe nach.

2007 bewarb sich die Stadt Duisburg mit dem Konzept »RheinPlan« als Austragungsort für die Landesgartenschau. Die Bewerbung wurde aus finanziellen Gründen nicht genehmigt, gleichwohl sollen einzelne Ideen des umfangreichen Konzeptes realisiert werden. Die Mercatorinsel war Teil des »HafenParks«, zu dem auch Waterfront, die Mühlenweide und der Leinpfad gehörten. »Das Rheinportal Mercatorinsel stellt einen wesentlichen Baustein des Gesamtkonzepts ›RheinPlan‹ dar. Vorgesehen ist hier an der Spitze der Insel eine große Grünfläche mit herausragender Landmarke ... Um eine ansprechende Gestaltung der Freifläche zu erreichen, ist ein entsprechender landschaftsarchitektonischer Wettbewerb durchzuführen.«, so die Vorlage des Rates.

In seiner Sitzung am 22. September 2008 hat der Rat nun das weitere Vorgehen beschlossen und über die

Kosten informiert. Die Gesamtkosten werden etwa 15 Millionen Euro betragen, der größte Teil wird über Fördergelder aus verschiedenen Landestöpfen finanziert. Die Inselspitze ist rund 7,75 Hektar groß. Insgesamt sollen hier auf rund 5,75 Hektar neue öffentliche Grünflächen inklusive einem Veranstaltungsbereich und einer Brücke zum Leinpfad hinüber entstehen, »ergänzt durch stadtbildprägende bauliche Nutzungen (Headquarter) in einem räumlich begrenzten und untergeordneten Teilbereich von etwa zwei Hektar.«, so die Vorlage vom 17. Juni 2008.

Auch eine gewerbliche Nutzung eines Teils der Insel ist vorgesehen. Der Stahlumschlag wird allerdings über den Hafenkanal erfolgen und soll den »Erholungsraum« Mercatorinsel nicht beeinflussen. Noch gehört das Grundstück duisport, über den Erwerb des Geländes durch die Stadt gibt es aber bereits Verhandlungen. Planungs- und Bauzeit werden sich bis Ende 2012 erstrecken.

Der geplante Veranstaltungsbereich soll aber schon im Kulturhauptstadtjahr 2010 präsentiert und bespielt werden. Ende 2012 soll dann alles fertig sein.

Ute Bopp

Oben
Heute noch Brachland, wartet die Mercatorinsel auf ihre Erschließung.

Duisburg Waterfront – Marina & Life

Der Eisenbahnhafen im Wandel

Auf dem Gelände des ehemaligen Eisenbahnhafens entsteht das Projekt Duisburg Waterfront – Marina & Life, am Schnittpunkt der Duisburger Stadtteile Laar und Ruhrort. Es integriert die Bereiche Wohnen, Handel, Freizeit, Büro und Marina.

Das entscheidende Element
Ein Kernstück dieses Projektes ist der atriumartige Hafenmarkt an der Kopfseite des Beckens. Dort entstehen verbunden mit dem maritimen Flair des Hafens Einzelhandels- und Gastronomieflächen mit Außenbereichen und Blick über die großzügige Freitreppe auf den Yachthafen. Diese so genannte Marina macht Duisburg Waterfront einzigartig. Sie bietet dem Sportbootfahrer eine unmittelbare und direkte Zufahrt zum Rhein, verbunden mit

Unten
Waterfront – das neue Gesicht des Eisenbahnhafens

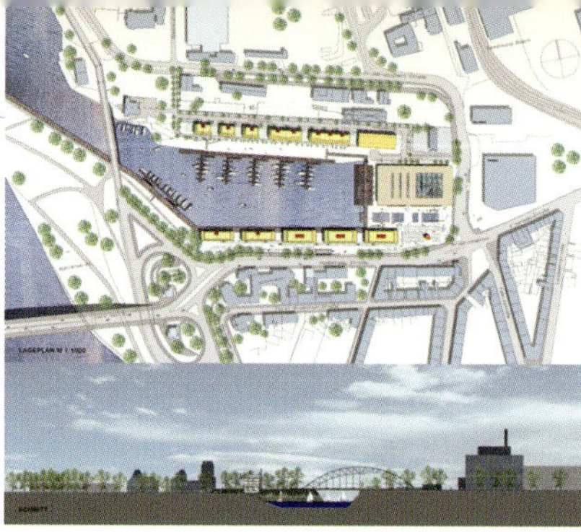

Oben
Große Pläne – Leben und Einkaufen am Wasser

Mitte
Die moderne Architektur verspricht Exklusivität.

Unten links
Auf der schwimmenden Bühne sollen Konzerte stattfinden.

Unten rechts
Die Bauarbeiten sind in vollem Gange. Die Freitreppe zum Wasser ist bereits fertig gestellt.

dem gastronomischen Angebot sowie den neu geschaffenen Einkaufsmöglichkeiten.

Das Gelände liegt zwischen den Duisburger Stadtteilen Laar und Ruhrort und ist infrastrukturell perfekt angebunden. Unmittelbar gegenüber der geplanten Markthalle befindet sich eine S-Bahn Haltestelle.

Wohnen an der Waterfront

Der Wohnbereich des Projektes ist nach Süden, hin zur Marina, ausgerichtet. Er präsentiert sich durch einen architektonischen Wechsel zwischen Stadthäusern mit Eigentumswohnungen und Mietwohnungen. Der individuelle Standard, die ansprechende Architektur und der Standort sollen das Wohnen an der Waterfront zum Leben mit besonderem Anspruch machen. Auch dem Gedanken des betreuten Wohnens wird an der Duisburg Waterfront Rechnung getragen. Am Kopfende des Bereichs Wohnen entstehen Wohnungen, die älteren Menschen aufgrund des Umfeldes, der fußläufig erreichbaren Einkaufsmöglichkeiten und der perfekten infrastrukturellen Anbindung, ein über lange Zeit selbst bestimmtes Wohnen ermöglichen. Ergänzt wird dies durch individuell zu bestimmende Serviceangebote.

Die Waterfront Marina

Mit ihren 120 Liegeplätzen für Freizeit- und Sportboote und ihrer im Hafenbecken gelegenen Eventplattform ist die Marina das Zentrum und der Besuchermagnet des Projektes. Die Waterfront Marina ist direkt an den Rhein angebunden. Ein Umstand, der unter Bootsbesitzern schnell für Furore sorgen wird, denn die Zufahrt kann somit unkompliziert und ohne aufwändige Manöver zum Liegeplatz erfolgen. Auf der Eventplattform finden in regelmäßigen Abständen Konzerte und andere kulturelle Veranstaltungen statt, die die Besucher von der treppenförmig angeordneten Terrasse aus genießen können.

Eugen Bialon

Das Projekt »Brückenschlag« – Baubeginn an der Mercatorinsel

Eine Treppe verbindet Insel und Brücke

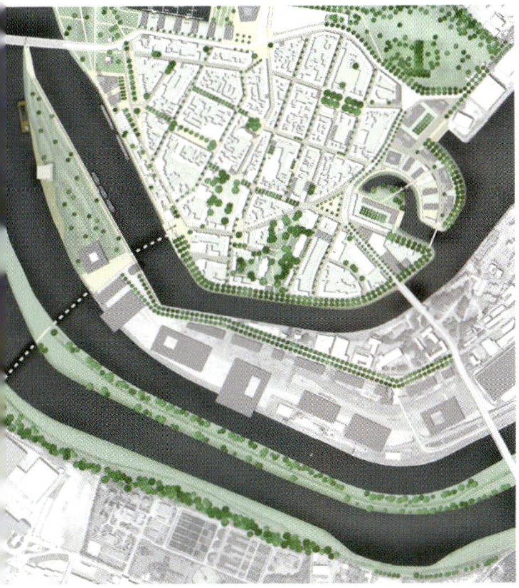

Mit der Grundsteinlegung am Kopf der Hanielinsel fiel im November 2009 der Startschuss für das Projekt »Brückenschlag«. Die 32 Meter hohe Treppenanlage verbindet die Friedrich-Ebert-Brücke mit der Mercatorinsel und verhilft den Ruhrorter Bürgerinnen und Bürgern zu einer neuen Grünfläche. Die Mercatorinsel war noch bis 2005 Speditionsinsel und ungenutztes Brachland.

Pünktlich zum Kulturhauptstadtjahr soll der Treppenbau bis April 2010 vollendet sein. In Anwesenheit von »Ruhr.2010« Geschäftsführer Fritz Pleitgen, Haniel Geschäftsführer Udo Hemker und Oberbürgermeister Adolf Sauerland seilte sich der Haniel Pressesprecher Dietmar Borchert mit einer großen Kupferkartusche, die das komplette 220-seitige Kulturhauptstadt-Programm enthielt, von der Brücke auf die Insel ab. Ein spektakulärer Auftakt. Sechs Hektar Grünfläche werden durch das Projekt hinzugewonnen und dienen den Anwohnern künftig als Kultur- und Erholungsraum. 14 Betonpfähle, die 14 bis 15 Meter in die Erde reichen, wurden bereits verbaut. »Ich bin ein Duisburger Junge, und Duisburger dürfen Träume haben«, sagte Fritz Pleitgen. »Mein Traum war, den Rhein zu nutzen. Hier sollte man ein Bregenz am Rhein machen«, schilderte der »Ruhr.2010«-Geschäftsführer seine Idee.

Der Firma Haniel ist die Nachhaltigkeit des Projektes wichtig. So soll nicht nur die Eventwoche im Kulturhauptstadtjahr finanziert werden, sondern mit dem »Brückenschlag« soll dazu beigetragen werden, die neue Grünfläche dauerhaft zu erschließen.

Oben links
Die Skizze zeigt den unglaublichen Zugewinn an Grünfläche.

Oben rechts
Im November 2009 fiel der Startschuss für die Erschließung der Mercatorinsel.

Unten
Die Bauarbeiten sind im Februar 2010 schon recht weit vorangeschritten.

»KulturWerft« Neuer Kulturstandort am alten Werfthafen

Schon bald könnte der alte Werfthafen zum neuen Leben erweckt und zum kulturellen Mittelpunkt für Ruhrort werden.

Manchmal funktioniert das. Man plaudert über dies und das, bekommt ein paar Tage später eine interessante Information, handelt spontan und ändert dadurch Geschichte und Geschicke. So muss es auch gewesen sein, als sich im Sommer 2008 Dirk Grotstollen und Wolfgang van Ackeren darüber unterhielten, dass es in Ruhrort eigentlich keinen größeren Veranstaltungsraum gibt. Ein paar Tage später hörten die beiden, dass die Alte Schmiede am Werfthafen möglicherweise abgerissen werden solle. Wolfgang van Ackeren setzte rasch einen Brief auf, »an die richtigen Stellen«, wie er sagt und brachte dadurch den Stein ins Rollen, der in diesen Tagen mit der Gründung des Vereins »KulturWerft Ruhrort e.V.« noch nicht halt macht.

Unten
Der alte Werfthafen in der Nähe des Vinckeplatzes versprüht maritimes Flair.

Der Werfthafen mit seinen denkmalgeschützten Gebäuden an der Alten Duisburger Straße ist der älteste Teil des Duisburger Hafens. Hier wurde in den 1820er Jahren von der preußischen Verwaltung der vorhandene Hafen erweitert und ein neues Hafenbecken angelegt. Verantwortlich für den Bau war Ludwig Freiherr von Vincke. Es entstanden Kohlenniederlagen, die Insel innerhalb des Hafenrings war Standort von bedeutenden Werften, wie zum Beispiel der »Hüttengewerkschaft und Handlung Jakobi, Haniel & Huyssen, Sterkrade«. Die Kohleförderung boomte, der Kohlenhandel in Ruhrort stieg sprunghaft an. Der Hafen wurde durch den Bau des Schleusenhafens erweitert. Anfang des 20. Jahrhunderts wurde ein Teil der Häfen wieder verfüllt, weil sie zu eng geworden waren. Zwischen der heute noch existierenden nördlichen Biegung des Werfthafens und dem Bunkerhafen sind ein Packhaus von Haniel von 1862 und eine Schmiede von 1871 fast unverändert erhalten. Die Gebäude, das Packhaus und die Schmiede, gehörten über 130 Jahre lang der Firma Haniel, vor ein paar Jahren wurden sie an »duisport« verkauft. Was mit dem Areal »hinter der Aral-Tankstelle«

an der Alten Duisburger Straße geschehen soll, war und ist nicht klar. Ein von den großen Ruhrorter Firmen und der Stadtverwaltung in Auftrag gegebener Masterplan soll unter anderem auch für diesen Teil Ruhrorts Ideen und Anregungen liefern.

Eine Idee, eine »Vision« wie sie selber sagen, haben die Mitglieder des Vereins »KulturWerft Ruhrort e.V.«. Sie wollen die alten Gemäuer nicht nur erhalten, sondern mit neuem, jungem Leben füllen. Kulturveranstaltungen, Gastronomie und Naherholung – diese Punkte sieht die Konzeption vor und im Gespräch berichten Wolfgang van Ackeren, Eckart Pressler, Heinz Martin und Dirk Grotstollen begeistert von ihren Vorstellungen, Ruhrort zum Anziehungspunkt für Kunst- und Kulturbegeisterte zu machen. Durch den Erhalt und die Renovierung der Alten Schmiede und des Packhauses erhielte Ruhrort nicht nur Veranstaltungsräume für Konzerte, Kleinkunst, Varieté und für Konferenzen, ein Ruhrort-Archiv und ein »Heimatmuseum«, sondern mit vielen Grünflächen und Spazierwegen auch ein neues Naherholungsgebiet. Wie sonst nirgendwo in Ruhrort hätte man dann Einblick in den Hafenbetrieb: Der Blick von der Spitze der kleinen Halbinsel geht direkt auf den pulsierenden Containerhafen. Die bestehenden Gewerbebetriebe würden integriert, unser Stadtteil vereinigt eben Arbeiten, Leben und Erholung auf besondere Weise.

Wer Visionen hat, muss nicht zum Arzt, sondern mit den Leuten sprechen, die helfen könnten, diese Visionen umzusetzen. Und da ist der Verein »KulturWerft« nicht untätig. Das erste Gespräch fand mit dem Stadtentwicklungsdezernenten Jürgen Dressler und der Leiterin der Unteren Denkmalbehörde, Dr. Claudia Euskirchen, statt. Dort hörte man sich die Ideen an und war beeindruckt. Sowohl »duisport« als aktuellem Eigentümer als auch Haniel als historischem Eigentümer wurde das Ideenkonzept vorgestellt und die Verantwortlichen zeigten sich offen für weitere Gespräche über das Projekt »KulturWerft«.

Über die Finanzierung haben sich die Männer von »KulturWerft Ruhrort«

Oben
Die Initiatoren des Projektes »KulturWerft e.V.«

Unten
Die »KulturWerft e.V.« möchte das historische Gebäude zu neuem Leben erwecken.

Oben
Innenansicht der alten Werft von 1872 nach dem Brand

Unten
Nach dem Brand ist unklar, wie es mit den Plänen der »KulturWerft« weitergehen soll.

ebenfalls schon intensiv Gedanken gemacht. »Viele Fördertöpfe beim Land und bei der EU stehen für solche Gelegenheiten bereit«, so Eckart Pressler, der bereits an der Rettung und Einrichtung des Kulturzentrums »Alte Feuerwache« in Hochfeld mitgearbeitet hat und der Feuerwache einige Jahre als Geschäftsführer vorstand. »Landesdenkmalmittel, private Investitionen, Spenden, eine Stiftung, es gibt viele Möglichkeiten, um die Instandsetzung zu finanzieren. Der Betrieb des Kulturzentrums muss sich dann aber durch Veranstaltungen, Vermietungen und die Gastronomie selbst tragen.«

Der Bedarf nach einem neuen Musik-, Kultur- und Veranstaltungszentrum besteht, Duisburg hat großen Nachholbedarf, da sind sich alle vier einig. Der Einzugsbereich umfasst das westliche Ruhrgebiet und den Niederrhein. Ruhrort könnte so zum Brennpunkt der Stadtkultur werden.

Ute Bopp

Ein Brand mit katastrophalen Folgen

Nachdem die alte Lagerhalle im Werfthafen in der Nacht zum 1. Februar 2010 weitgehend niedergebrannt ist, sind die Initiatoren des Projektes »Kulturwerft« mit ihren Ideen weit zurückgeworfen.

Nur noch die Wände der unter Denkmalschutz stehenden Lagerhalle sind geblieben. Bisher ist ungewiss, wie es mit der »Kulturwerft« weitergehen soll. Die Initiative muss umdenken und neue Strukturen finden. Viel ehrenamtliches Engagement und viel Eigenleistung und Eigeninitiative sind noch nötig, um die Qualität Ruhrorts auch an dieser Stelle hervorzuheben und einen Mehrwert für das besondere Ambiente und das Flair unseres Hafenstadtteils zu bekommen. Aber, daran lassen die Vereinsgründer keinen Zweifel, das wird gelingen und zwar eher früher als später.

Masterplan Duisburg Ruhrort – Ein großer Schritt in Richtung Zukunft

Neue Perspektiven in Sachen Stadtentwicklung

Der Masterplan Ruhrort markiert einen wichtigen Meilenstein zur Weiterentwicklung dieses einzigartigen Stadtteils im Zusammenfluss von Rhein und Ruhr. Mit der Franz Haniel & Cie. GmbH, duisport, GEBAG und der Stadt Duisburg haben sich vier starke Partner zusammengetan, um den Möglichkeiten und Chancen des Stadtteils Platz zu geben. Ziel ist es, den Stadtteil zu einem attraktiven zentrumsnahen Wohnort weiterzuentwickeln, neue Arbeitswelten am Wasser entstehen zu lassen und durch neue attraktive Freizeit- und Kulturangebote die Anziehungskraft für neue Bewohner und Besucher zu steigern.

Die bereits vorhandenen grünen Wege, Alleen und Parks sollen schrittweise zu einem grünen Ring, der Ruhrorter Promenade, ausgebaut werden. Das einzigartige Potential Ruhrorts sowohl als Hafenstadtteil als auch als herausragender Dienstleistungsstandort soll für die Gesamtentwicklung des Stadtteils nutzbar gemacht werden. Der Masterplan benennt mehrere Handlungsfelder, um die Entwicklung Ruhrorts voranzutreiben. Die Lage am Wasser soll stärker für neue Wohnformen genutzt werden, Werft- und Bunkerhafen der Öffentlichkeit zugänglich gemacht werden. Durchgangsverkehr soll langfristig reduziert, die entlasteten Straßenräume fußgängerfreundlich und grüner gestaltet werden.

Die Ortseingänge sollen baulich hervorgehoben werden. Den Richard-Hindorf-Platz beispielsweise empfiehlt der Masterplan für eine Nutzung für Kulturveranstaltungen. Der Friedrichsplatz soll als Achse zwischen dem historischen Kern mit Neumarkt, Harmonie- und Fabrikstraße die Rolle als neuer Nahversorgungsschwerpunkt übernehmen. Den Neumarkt sieht der Masterplan als zentralen, lebendigen Marktplatz der Zukunft. Leer stehende Geschäftslokale können aktiviert werden, um den Platz zu beleben. Kurzum, eine neue Identität für Ruhrort, die den maritimen Charme dieses besonderen Stadtteils erhält und die Zukunft des Standorts sichert.

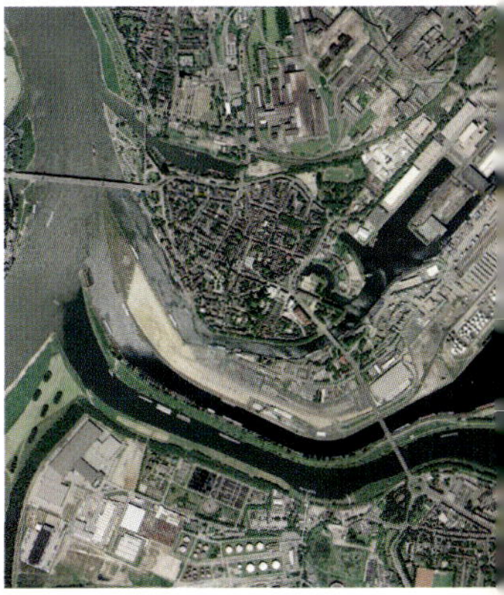

Oben
Ruhrorts Stadtstruktur ist durch die Flussläufe von Rhein und Ruhr begrenzt.

Unten links
Durch Promenaden und Alleen erhält Ruhrort einen Grüngürtel.

Unten rechts
Die Baulückenschließung verleiht der Ruhrorter Straße als Ortseingang mehr Markanz.

Die Autoren

Heinz Pischke

- geboren 1957 in Duisburg Laar
- arbeitet bei der Stadt Duisburg und ist freischaffender Fotograf
- Mitarbeit an zahlreichen Publikationen rund um Duisburg
- lebt und arbeitet in Duisburg Laar

Marc Dietschreit und Nadine Heinze

- Marc Dietschreit, geboren 1975 in Mülheim an der Ruhr
- Nadine Heinze, geboren 1980 in Dülmen
- arbeiten beide als Filmemacher, Autoren und freischaffende Künstler in Duisburg

Danksagung

Das Autorenteam möchte sich bei allen Ruhrorter Bürgerinnen und Bürgern für ihr Engagement und die zahlreiche Unterstützung bedanken.

Ein besonderer Dank gilt:
Hanne Dünnwald, die uns mit zahlreichen historischen Fotos, Geschichten und ganz viel Zeit ein neues »Ruhrort« eröffnet hat.

Ute Bopp, für ihre gewissenhafte Recherche und ihre spannenden Artikel.

Dem gesamten Redaktionsteam des Magazins »Blickpunkt Ruhrort« sowie den vielen engagierten Mitgliedern des Ruhrorter Bürgervereins e.V.

Dem Lokal Harmonie und seinen Betreibern, die uns Ruhrort auf ihre besondere Weise näher brachten – Kopf hoch für die Leute der »KulturWerft e.V.« (»Halte durch, rotes Madrid!«)

All den gut geölten Zahnrädern der Franz Haniel & Cie. GmbH.

Dem Malermeister Pieper, wir brauchen mehr Farbe.

All den Firmen, die uns ignorierten und damit hier leider nicht vertreten sind.

Herrn Krampitz, der mit aller Mühe am Anzeigenverkauf gearbeitet hat.

Dem »Ruhrorter Pegel« (der Hundehaufen), der uns mit seinen Mathematikstunden schmunzeln lässt.

Dem Panda Grill, für unerwartet gutes und scharfes Essen.

Norbertus Magicus, für den außergewöhnlichen Einblick.

Tim und seinen »schwarzen Socken«, der uns schlaflose Nächte beschert.

Stefan, Thommie und Wolfgang, die bald alles in die Luft jagen werden.

Und all unseren Freunden, Tilda, Nico, Helena, Jona, Edith, Silke, Aileen, Silke und Manni, denen wir ständig in den Ohren gelegen haben.

Und dem größten Binnenhafen der Welt ...

Bildquellennachweis

Umschlag vorn: Heinz Pischke - HP (alle Fotos); **Umschlag hinten:** HP (alle Fotos);
Seite 3: HP (1); **4:** Stadt Duisburg (1); **5:** Hanne Dünnwald (1); **8:** HP (1); **9:** Verlag Dünnwald, Duisburg (3); **10:** Quelle unbekannt (1), HP (2); **11:** HP (2), Verlag Dünnwald, Duisburg (1); **12:** Steinhagen (1), HP (1), Verlag Dünnwald (1); **13:** HP (1), Verlag Dünnwald, Duisburg (1); **14:** Quelle unbekannt (1), Verlag Dünnwald, Duisburg (1); **15:** HP (3); **16:** HP (2); **17:** Horst Killus (1), Verlag Dünnwald, Duisburg (1); **18:** HP (1), Schifferbörse Duisburg (1); **19:** Verlag Dünnwald, Duisburg (1), Markus Bender (1); **20:** Duisburger Stadtarchiv (1), unbekannt, Sammlung HP (1); **21:** Verlag Dünnwald, Duisburg (3); **22:** Stadt Duisburg (2), Marc Dietschreit - MD (1); **23:** HP (1), MD (1); **24:** Stadt Duisburg (1), Nadine - NH (1); **25:** Stadt Duisburg (1); **26:** HP (2); **27:** HP (3); **28:** HP (3); **29:** HP (1), Franz Haniel (1), Franz Haniel (1); **30:** Schifferbörse Duisburg, Frank Schwarz (2), HP (1); **31:** HP (4); **32:** MD (1), HP (1); **33:** HP (1), NH (1), MD (1); **34:** Unbekannt, Antje Felscher (3); **35:** Quelle unbekannt, Sammlung HP (1), HP (3); **36:** Quelle unbekannt, Sammlung HP (1), Stadt Duisburg (1), HP (1); **37:** HP (1), Hintergrundbild: Quelle unbekannt, Sammlung HP (1), HP (1); **38:** HP (3), Quelle unbekannt, Sammlung HP (1); **39:** Quelle unbekannt, Sammlung HP (1), HP (1); **40:** Ute Bopp (3); **41:** MD (1), HP (1); **42:** HP (2); **43:** HP (2), Ute Bopp (1); **44:** HP (2), Ute Bopp (1); **45:** HP (1); **46:** HP (1), Fritz Schäfer (1); **47:** Fritz Schäfer (2); **48:** Fritz Schäfer (1), Friseur Westerhelweg (1); **49:** Friseur Westerhelweg (2), Hanne Dünnwald (1); **50:** HP (1), Friseur Westerhelweg (1); **51:** HP (1), Horst Lehnen (1); **52:** Hanne Dünnwald (1), Ute Bopp (1), HP (1); **53:** HP (2); **54:** Ute Bopp (1), HP (1); **55:** HP (2); **56:** Franz Haniel (1), HP (1); **57:** HP (3); **58:** MD (2), HP (1); **59:** HP (1), Stadt Duisburg (1), NH (1); **60:** Hanne Dünnwald (3); **61:** Hanne Dünnwald (2); **62:** Hanne Dünnwald (2); **63:** Hanne Dünnwald (1); **64:** Hanne Dünnwald (4); **65:** Hanne Dünnwald (1); **66:** Hanne Dünnwald (1); **67:** HP (1), Hanne Dünnwald (1); **68:** HP (1); **69:** Bodo Antonin (2), HP (1); **70:** HP (3); **71:** Ernst Wennemann (2); **72:** Ernst Wennemann (3); **73:** Hanne Dünnwald (2); **74:** Hanne Dünnwald (2); **75:** Hanne Dünnwald (3); **76:** Markus Bender (2); **77:** Markus Bender (3); **78:** Markus Bender (1), Hanne Dünnwald (1); **79:** Pater Norbert (2); **80:** Pater Norbert (4); **81:** HP (1), Ute Bopp (1); **82:** HP (1), Ute Bopp (2); **83:** HP (1), HP (2); **84:** Petra Gidaszewski (2), HP (1); **85:** HP (1), Petra Gidaszewski (3); **86:** Ruhrorter Hafenkids e.V. (3); **87:** Ruhrorter Hafenkids e.V. (1), MD (1); **88:** Hanne Dünnwald (1); **89:** NH (1), HP (1), Hanne Dünnwald (1); **90:** Franz Haniel (3); **91:** Franz Haniel (4); **92:** Franz Haniel (2); **93:** Franz Haniel (3); **94:** Franz Haniel (2); **95:** Franz Haniel (2); **96:** Franz Haniel (2), HP (2); **97:** Imperial Logistik GmbH (3), HP (1); **98:** Franz Haniel (2); **99:** Franz Haniel (2); **100:** Franz Haniel (2); **101:** Franz Haniel (2), HP (1); **102:** Museum der deutschen Binnenschifffahrt Duisburg (3); **103:** HP (2), Museum der deutschen Binnenschifffahrt (1); **104:** NH (1), Walter Voigt (1); **105:** NH (1) Walter Voigt (1); **106:** HP (2); **107:** HP (2), Hanne Dünnwald (1); **108:** HP (2); **109:** HP (2); **110:** HP (2); **111:** HP (2), Hanne Dünnwald (2); **112:** HP (1), NH (1); **113:** Vera Keysers (1), Gernot Schroer (1); **114:** Anette Jonak (3); **115:** Anette Jonak (3); **116:** Anette Jonak (1); **117:** Vera Keysers (1); **118:** Ute Bopp (1), MD (1), NH (1); **119:** HP (1), Hanne Dünnwald (1), NH (1); **120:** HP (2); **121:** HP (4); **122:** NH (1), HP (3); **123:** MD (1), HP (3); **124:** Schifferbörse Duisburg, Frank Schwarz (3); **125:** Schifferbörse Duisburg, Frank Schwarz (2), HP (2); **126:** Markus Bender (2); **127:** Markus Bender (3); **128:** Hanne Dünnwald (2); **129:** Hanne Dünnwald (3); **130:** Hanne Dünnwald (1), NH (1); **131:** NH (1), Fritz Hemberger (1), Willi Wildenblanck (1); **132:** Willi Wildenblanck (1), Werner Nell (1); **133:** Werner Nell (1); **134:** HP (3), **135:** HP (2); **136:** HP (2); **137:** HP (2), HP (1); **138:** HP (1); **139:** HP (2); **140:** NH (2), Franz Haniel (1); **141:** HP (1), HP (1); **142:** HP (1); **143:** Schifferbörse Duisburg, Frank Schwarz (1), HP (1); **144:** Stadt Duisburg (3); **145:** HP (1), Stadt Duisburg (2); **146:** Stadt Duisburg (3); **147:** HP (1); **148:** HP (2); **149:** HP (1), Duisburg Waterfront GmbH (1); **150:** Duisburg Waterfront GmbH (3), HP (1); **151:** Hanne Dünnwald (1), Stadt Duisburg (1), NH (1); **152:** HP (1); **153:** Ute Bopp (2); **154:** KulturWerft e.V. Duisburg (1), NH (1), KulturWerft e.V. Duisburg (1); **155:** Stadt Duisburg (3)

Erläuterungen: Nadine Heinze (NH), Heinz Pischke (HP), Marc Dietschreit (MD)

Die schönsten Seiten Deutschlands

C. Czellnik
280 S. | 24,5 x 30,5 cm
ISBN: 978-3-86037-379-8 | **19,90 €**

I. Fusenig
160 S. | 17,5 x 24,5 cm
ISBN: 978-3-86037-389-7 | **19,90 €**

G. Kehl
224 S. | 17,5 x 24,5 cm
ISBN: 978-3-86037-335-4
19,90 €

Franke/Becker
192 S. | 17,5 x 24,5 cm
ISBN: 978-3-86037-391-0
19,90 €

T. Köpke
224 S. | 17,5 x 24,5 cm
ISBN: 978-3-86037-326-2
19,90 €

B. Schultz
160 S. | 17,5 x 24,5 cm
ISBN: 978-3-86037-385-9
19,90 €

Für Buchhandel und Wiederverkäufer
bieten wir spezielle Konditionen an.
Bitte erfragen Sie diese beim Vertrieb:
Tel. (0 58 44) 9 71 16 30 | vertrieb@limosa.de

Edition Limosa GmbH
Lüchower Straße 13a | 29459 Clenze
Tel. (0 58 44) 97 11 60 | Fax (0 58 44) 9 71 16 39
mail@limosa.de | www.limosa.de

Wir über uns

Dünn besiedelte Landstriche, große Städte, kleine Städte – jede Region lebt durch die Verbindung von Landschaft und Mentalität der Bewohner. Dabei entsteht eine Vielfalt, die oft vertraut und bei genauer Betrachtung doch immer wieder neu erscheint. Wer genau hinschaut entdeckt die bunten Facetten im Mosaik aus Themen. Dieses Mosaik einzufangen, ist das Anliegen unserer Autoren.

Die Bücher der Edition Limosa führen die deutschen Regionen selbst Alteingesessenen neu vor Augen. Die vielen Themen, auch jene die nicht auf den ersten Blick ins Auge fallen, machen einen Teil des Reizes unserer Bücher aus. Zahlreiche Fotos stehen den hintergründigen Texten zur Seite. Stolz sind wir auch auf die ansprechende Gestaltung: Sie erlaubt das Lesen am Stück und ermöglicht das genussvolle Blättern durch einzelne, für den Leser besonders interessante Aspekte.

Das alles wäre nicht möglich ohne unsere Autoren. Sie verfügen über die tiefe Kenntnis, wissen um die spezielle Atmosphäre und kennen auch die Probleme und nicht sichtbaren Hintergründe. Die authentische Detailfreude und das intime Wissen der »Heimaten« sind inhaltlich sicher die Basis für den großen Erfolg beim Leser.

edition limosa